눈이 편한

큰 그림, 큰 글씨로 배우는

포토샵

눈이 편한 **포토샵**

Copyright ⓒ 2019 by youngjin.com Inc.
1016, 10F. Worldmerdian Venture Center 2nd, 123, Gasan digital 2-ro, Geumcheon-gu, Seoul, Korea 08505
All rights reserved. First published by Youngjin.com Inc. in 2014. Printed in Korea.

ISBN 978-89-314-4607-4

독자님의 의견을 받습니다.

이 책을 구입한 독자님은 영진닷컴의 가장 중요한 비평가이자 조언가입니다. 저희 책의 장점과 문제점이 무엇인지, 어떤 책이 출판되기를 바라는지, 책을 더욱 알차게 꾸밀 수 있는 아이디어가 있으면 팩스나 이메일, 또는 우편으로 연락주시기 바랍니다. 의견을 주실 때에는 책 제목 및 독자님의 성함과 연락처(전화번호나 이메일)를 꼭 남겨 주시기 바랍니다. 독자님의 의견에 대해 바로 답변을 드리고, 또 독자님의 의견을 다음 책에 충분히 반영하도록 늘 노력하겠습니다.

이메일 _ support@youngjin.com
주 소 _ (우)08505 서울시 금천구 가산디지털2로 123 월드메르디앙벤처센터2차 10층 1016호 (주) 영진닷컴 기획1팀

만든 사람들

저자 _ 권성우 | **기획 _** 기획 1팀 | **총괄 _** 김태경 | **진행 _** 김연희
내지 디자인 _ 영진닷컴 디자인팀 | **표지 디자인 _** 영진닷컴 디자인팀 지화경

이 책의 구성

이 책은 16차시로 이루어졌으며 다음과 같은 요소들로 구성되어 있습니다.

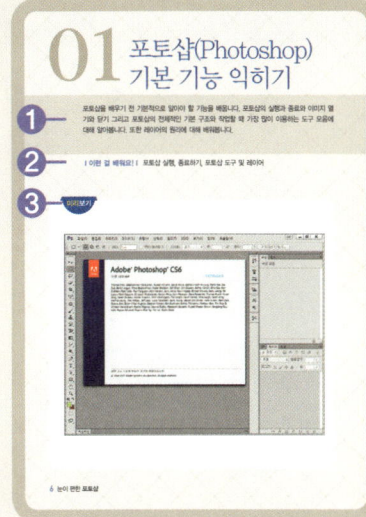

❶ 배울 내용

각 차시에서 배우게 되는 내용에 대해 간략하게 설명하고 학습 방향을 제시합니다.

❷ 이런 걸 배워요!

따라하기를 통해 어떤 기능을 학습하게 될지 간략하게 살펴봅니다. 배울 내용을 미리 알아두면 훨씬 쉽고 재미있게 학습할 수 있습니다.

❸ 미리보기

각 차시에서 배우게 되는 예제의 완성된 모습을 미리 확인할 수 있습니다.

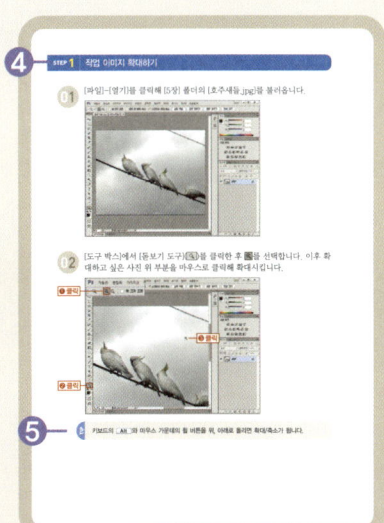

❹ 따라하기

예제를 만드는 과정과 방법을 순서대로 보면서 쉽게 따라할 수 있습니다.

❺ TIP

본문에서 설명하지 않은 내용 중 중요하거나 알아두면 좋은 내용 등을 정리하였습니다.

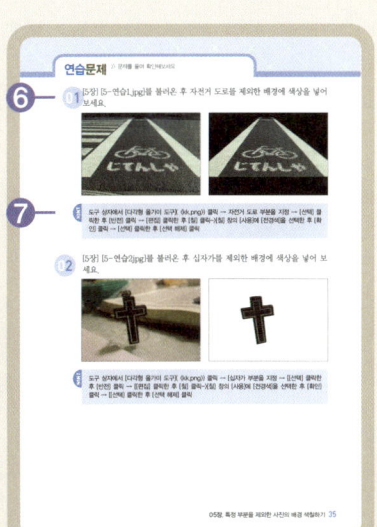

❻ 연습문제

해당 차시에서 배운 내용을 토대로 좀더 응용된 예제를 조금씩 다른 난이도로 만들어 배운 기능을 한 번 더 다질 수 있도록 하였습니다.

❼ Hint

연습문제를 학습할 때 필요한 참고 내용을 담았습니다.

이 책의 목차

:01장: 포토샵(Photoshop) 작업화면 알아보기 ················· 6

:02장: 포토샵의 기본적인 기능 익히기 ················· 11

:03장: 사진에 부드러운 가장자리 만들기 ················· 18

:04장: 사진에 주밍샷 표현하기 ················· 25

:05장: 특정 부분을 제외한 사진의 배경 색칠하기 ·········· 30

:06장: 사진 속 특정 부분 지우기 ················· 36

:07장: 분위기있는 흑백사진 만들기 ················· 41

:08장: 그림 그린 것처럼 표현하기 ················· 46

09장 : 포인트 컬러가 있는 흑백사진 만들기 ·················· 55

10장 : 카메라로 찍은 것과 같은 아웃포커싱 효과 만들기 ········ 62

11장 : 하늘을 좀 더 맑고 푸르게 만들기 ·················· 68

12장 : 사진 위에 글쓰기 ································ 77

13장 : 어둡게 나온 사진 배경은 그대로, 얼굴만 밝게 조정하기 ·· 86

14장 : 모양틀에 사진 적용하기 ························· 92

15장 : 다양한 아이콘을 사용하여 사진 꾸미기 ················ 99

16장 : 쉽고 빠르게 얼굴 보정하기 ······················· 106

01 포토샵(Photoshop) 작업화면 알아보기

포토샵을 배우기 전 기본적으로 알아야 할 기능을 배웁니다. 포토샵의 실행과 종료, 이미지 열기와 닫기 그리고 포토샵의 전체적인 기본 구조와 작업할 때 가장 많이 이용하는 도구 모음에 대해 알아봅니다. 또한 레이어의 원리에 대해 배워봅니다.

ㅣ이런 걸 배워요!ㅣ 포토샵 실행, 종료하기, 포토샵 도구 및 레이어

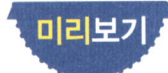

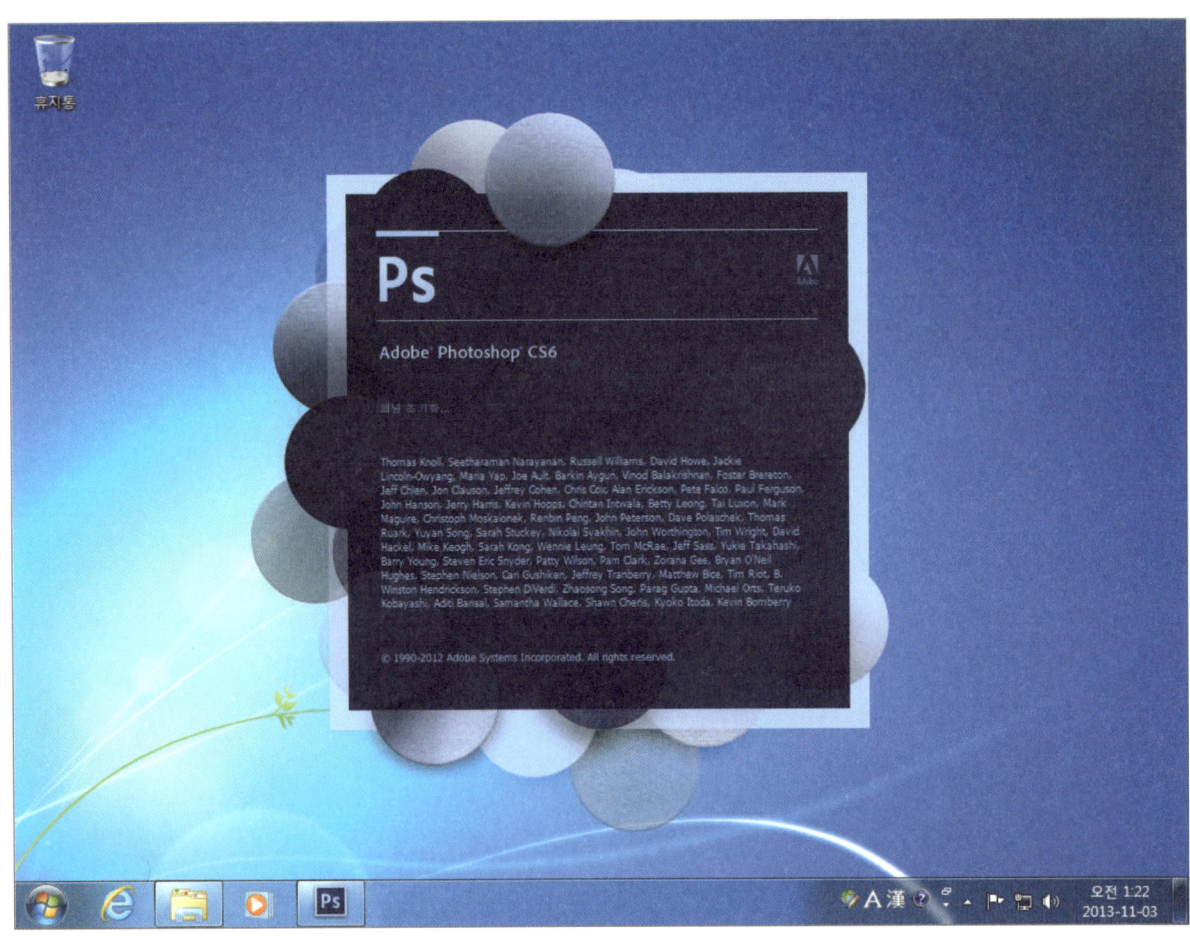

01 [시작](📷)을 클릭한 후 [모든 프로그램]을 클릭합니다. 프로그램 목록 중 [Adobe Photoshop CS6]를 클릭합니다.

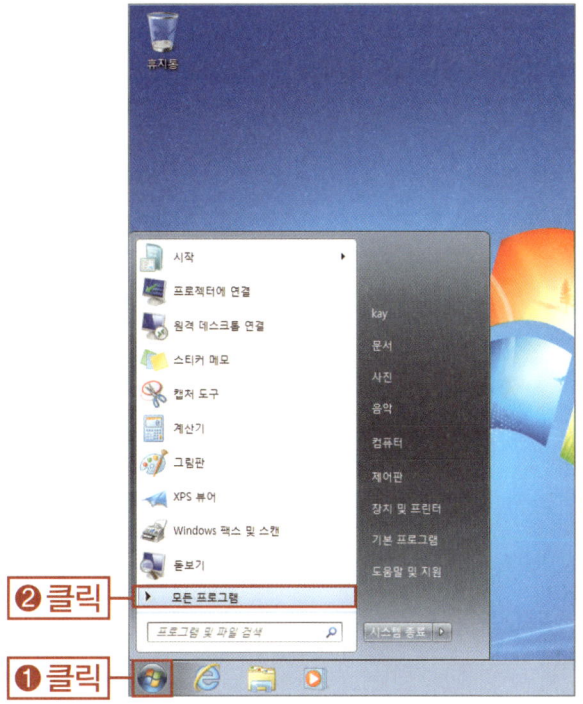
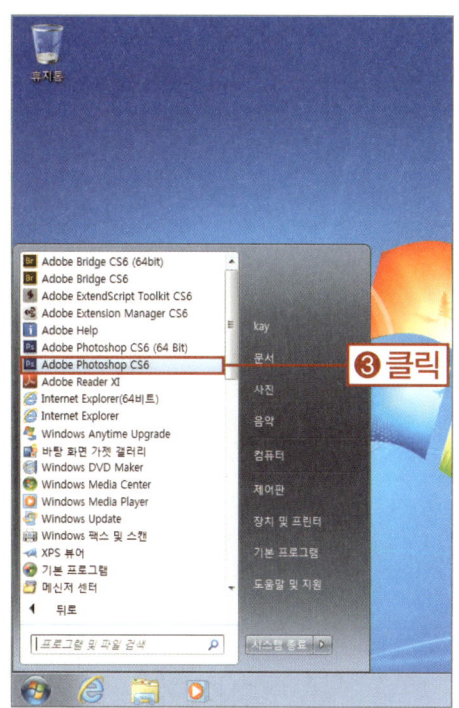

> **TIP** 이 도서는 [Adobe Photoshop CS6] 한글판 버전으로 진행됩니다.

02 [Photoshop CS6] 프로그램이 실행됩니다. 프로그램을 종료하려면 [파일]을 클릭한 후 [종료]를 클릭합니다.

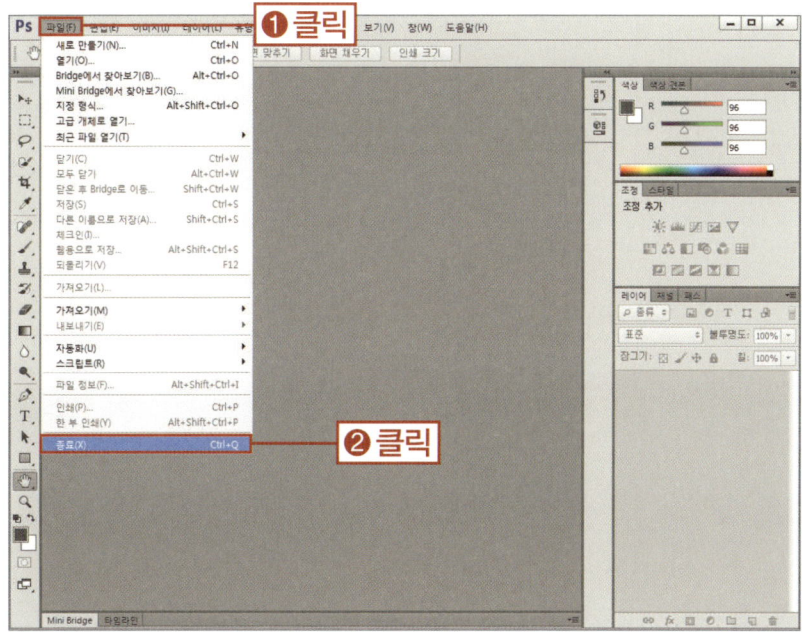

> **TIP** 오른쪽 상단의 [닫기](❌)를 클릭해도 프로그램을 종료할 수 있습니다.

포토샵은 크게 7종류의 기능으로 나눌 수 있습니다. 1~5는 기본적으로 자주 쓰이는 기능이며 때에 따라 6~7의 기능이 사용되기도 합니다. 자주 쓰이는 순서에 따라 어떤 기능을 가지고 있는지 살펴보도록 하겠습니다.

| 포토샵 화면 알아보기 |

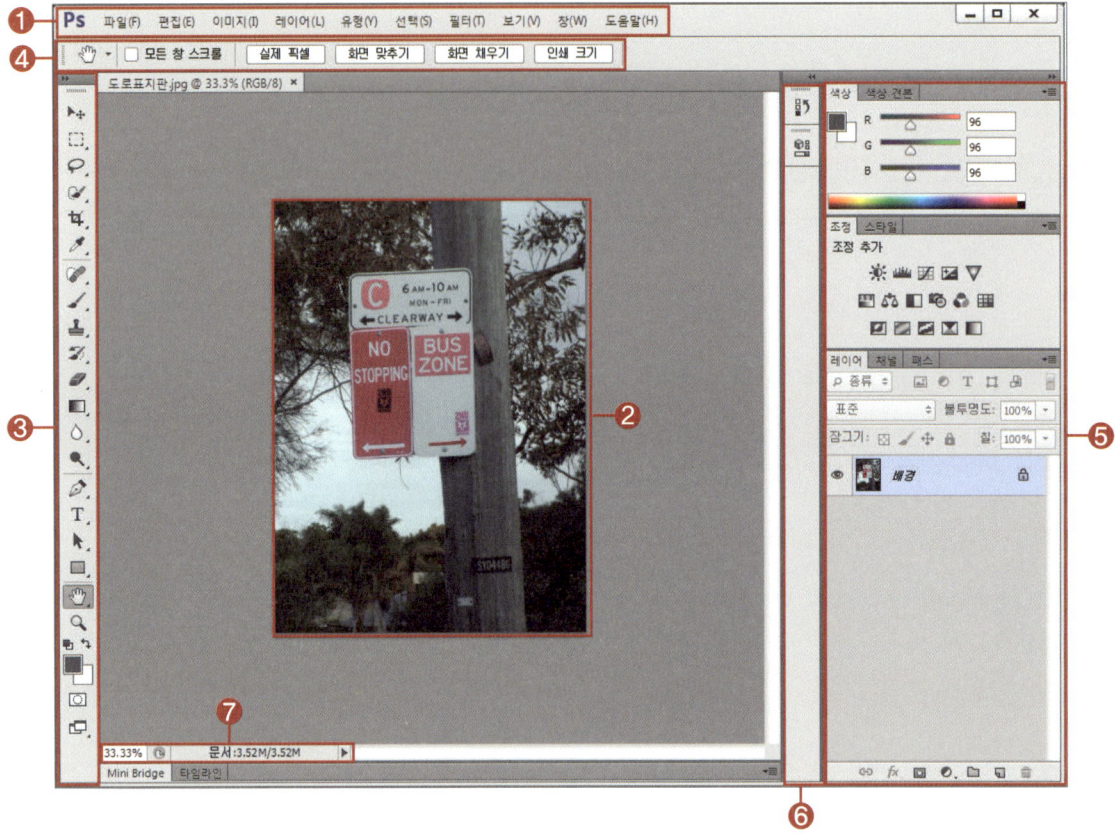

❶ 포토샵의 상단 메뉴 영역입니다. 10가지의 메뉴로 구성되어 있으며 포토샵의 전반적인 기능을 사용할 수 있습니다.

❷ 작업 창입니다. 예를 들면 캔버스나 종이에 해당됩니다.

❸ [도구 상자]입니다. 기본적이고 필수적으로 사용되는 기능을 가진 도구가 모여있습니다. 붓, 가위 등의 도구를 사용하여 불러온 이미지를 꾸밀 수 있습니다.

❹ [도구 상자]를 사용할 때 필요한 설정 값이 보여지는 영역입니다.

❺ [패널] 영역입니다. 포토샵 작업을 할 때 도움을 주는 기능을 별도로 모아 둔 곳으로 접었다 폈다 할 수 있어 작업 공간을 넓게 사용할 수 있습니다.

❻ 작업 창 작업의 이전 기록을 되살리는 기능과 이미지 속성을 볼 수 있는 정보 상자입니다.

❼ 작업 창의 화면 비율과 이미지의 용량을 표시해주는 영역입니다.

| 포토샵의 '도구 상자' 알아보기 |

❶ 이동 도구 : 선택한 이미지와 레이어 등을 이동할 때 사용합니다.

❷ 사각형 선택 윤곽 도구 : 사각형으로 선택 영역을 만듭니다.

❸ 올가미 도구 : 직선 및 곡선 선택 영역을 만들 때 사용됩니다.

❹ 빠른 선택 도구 : 선택하려는 이미지 부분을 브러시로 그리면 선택할 수 있습니다.

❺ 자르기 도구 : 원하는 부분을 지정하여 잘라 낼 수 있습니다.

❻ 스포이드 도구 : 이미지 내에 색상을 추출하여 전경색에 적용합니다.

❼ 스팟 복구 브러시 도구 : 사용자의 의도에 따라 이미지의 부분을 복구, 또는 제거해줍니다.

❽ 브러시 도구 : 붓과 연필 등 여러 가지 도구를 사용할 수 있습니다.

❾ 복제 도장 도구 : 복사할 선택 영역을 복사해서 적용해줍니다.

❿ 작업 내역 브러시 도구 : 작업 내역의 전 단계 작업으로 돌려줍니다.

⓫ 지우개 도구 : 특정 부분을 지울 때 사용합니다.

⓬ 그레이디언트 도구 : 2가지 색 이상을 사용하여 색을 자연스럽게 변화시키며 채워줍니다.

⓭ 흐림 효과 도구 :사진의 흐림도를 적용할 수 있습니다.

⓮ 닷지 도구 : 이미지의 어두운 부분을 밝게 해줍니다.

⓯ 펜 도구 : 클릭과 드래그하여 직선, 곡선을 만들 때 사용합니다.

⓰ 수평 문자 도구 : 글자를 가로로 입력해줍니다.

⓱ 패스 선택 도구 : 영역 전체를 이동할 수 있습니다.

⓲ 사각형 도구 : 패스 사각형 도형을 그릴 수 있습니다.

⓳ 손 도구 : 이미지를 확대했을 때 이미지를 이동시키면서 볼 수 있습니다.

⓴ 돋보기 도구 : 그림을 확대하거나 축소해서 볼 수 있습니다.

㉑ 전경색/배경색 설정 : 기본 설정은 검정색과 흰색으로, 전경색과 배경색을 설정할 수 있습니다.

 TIP

[도구 상자]의 도구 메뉴 열기

[도구 상자]의 도구 모음 중 하단에 작은 삼각형이 나타나있는 도구를 마우스를 사용하여 길게 클릭하면 추가 메뉴가 나타납니다.

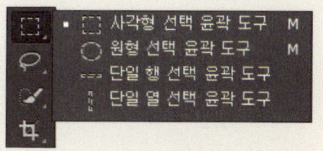

레이어란 여러 개의 이미지가 겹쳐있는 상태를 이야기합니다. JPG, GIF, PNG 와 같은 확장자로 저장된 이미지의 경우에는 배경 이미지 하나만이 존재하기 때문에 레이어를 따로 저장할 필요가 없지만 그 외의 새로 레이어를 추가하거나 폰트 혹은 마스크 등의 효과를 사용해서 이미지를 꾸밀 경우 PSD, TIF 등의 확장자로 저장되어 여러 개의 레이어를 한꺼번에 저장할 수 있습니다. 레이어를 함께 저장할 경우 이미지의 용량은 늘어나지만, 언제든지 수정을 할 수 있다는 장점이 있습니다.

❶ 배경 : 이미지를 불러올 경우 기본적으로 [배경]이란 이름으로 열립니다. 상황에 따라 레이어로 변화시켜 사용합니다.

❷ [사각형 도구]를 사용하여 [사각형]을 삽입했을 때 레이어가 생성된 모습입니다.

❸ [사용자 정의 모양 도구]를 사용하여 [모양]을 삽입했을 때 레이어가 생성된 모습입니다.

❹ [수평 문자 도구]를 사용하여 글자를 삽입했을 때 레이어가 생성된 모습입니다.

❺ 모든 레이어가 합쳐졌을 때의 모습입니다.

02 포토샵의 기본적인 기능 익히기

이번 장에서는 포토샵의 기본적인 기능에 대해 배워봅니다. 불러온 이미지의 필요한 부분만을 잘라내고 크기를 조절하는 방법을 알아봅니다. 또한 이미지 회전을 통해 이미지를 자유롭게 회전시키는 방법을 배워보겠습니다.

I 이런 걸 배워요! I 이미지 자르기, 확대/축소, 이미지 회전하기

미리보기

01 포토샵 프로그램을 실행합니다. 포토샵의 상단 메뉴에서 [파일]을 클릭한 후 [열기]를 클릭합니다

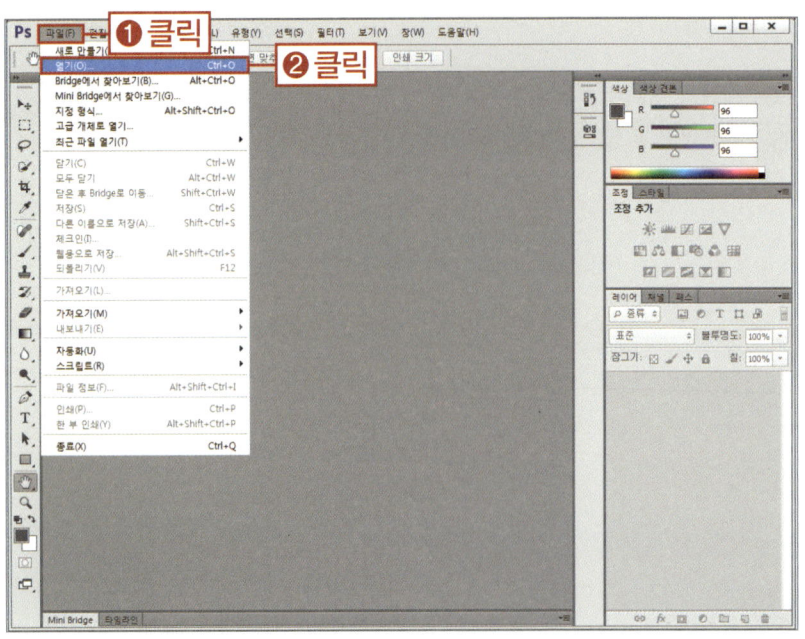

02 [열기] 창이 나타나면 다운로드한 [sample이미지] 예제 파일 중 [2장]을 더블 클릭하여 '울조카.jpg'를 선택한 후 [열기]를 클릭합니다.

TIP [sample이미지]의 폴더 안에는 2장부터 16장까지 'Step' 및 '연습문제' 사용에 필요한 이미지가 들어있습니다.

03 선택한 이미지 파일이 열렸습니다.

STEP **2** | 필요한 부분만 잘라내기

04 도구 상자에서 [자르기 도구](✄)를 클릭하면 사진 위로 자르기 선이 생성 됩니다. 자르고 싶은 만큼 마우스로 드래그합니다.

❶ 클릭

❷ 클릭

❸ 드래그

05 원하는 만큼 이미지 자르기 선을 드래그한 후 이미지 위를 더블 클릭하여 사진을 자릅니다.

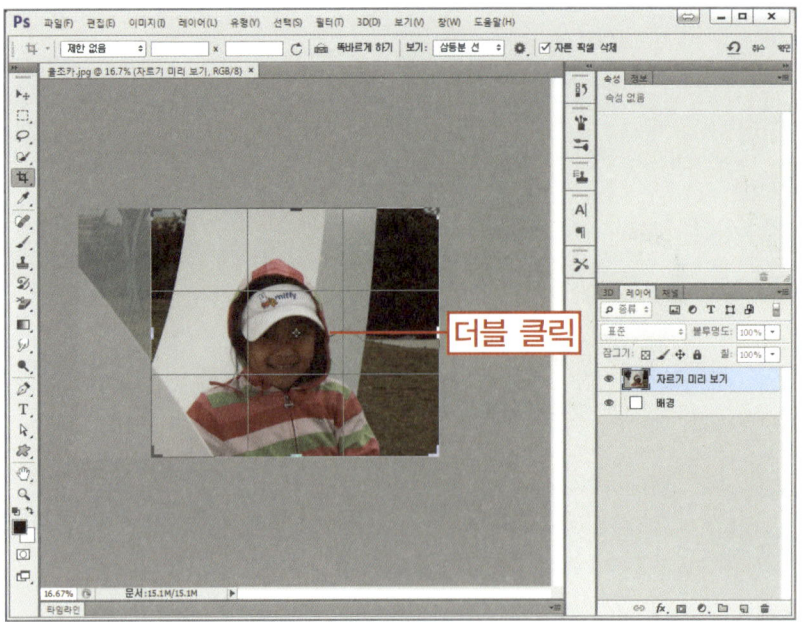

06 선택되어 있는 [자르기 도구]를 해제하기 위해 도구 상자의 [이동 도구](![이동도구])를 클릭합니다.

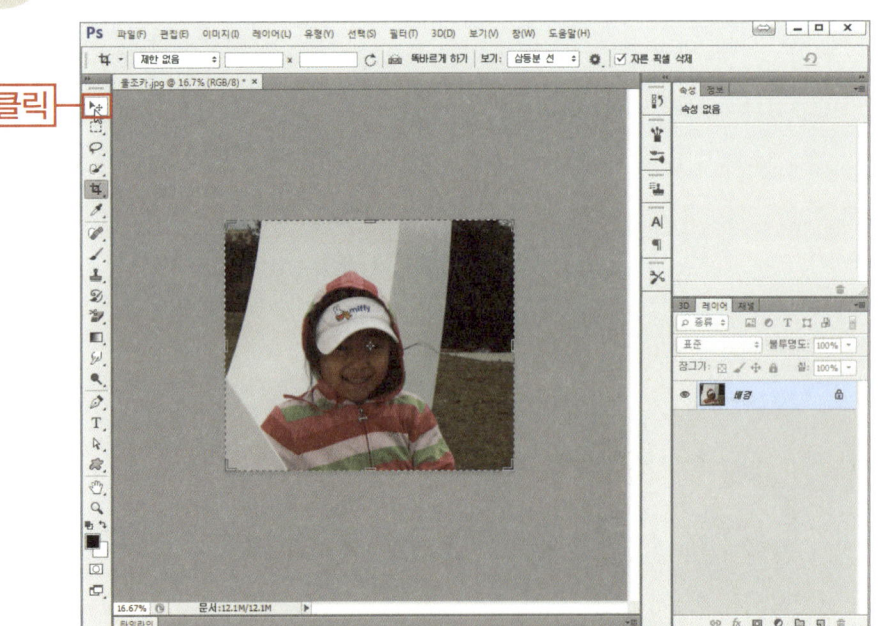

07 상단 메뉴에서 [이미지]를 선택한 후 [이미지 크기]를 클릭합니다.

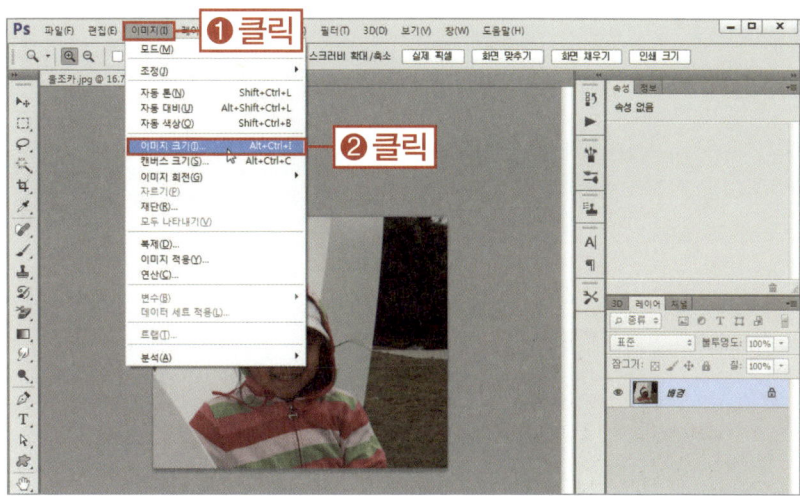

08 [이미지 크기] 창이 나타나면 이미지를 축소하기 위해 [비율 제한]을 클릭하여 체크 표시를 해제하고 [폭]은 '800', 높이는 '600'을 입력한 후 [확인]을 클릭합니다.

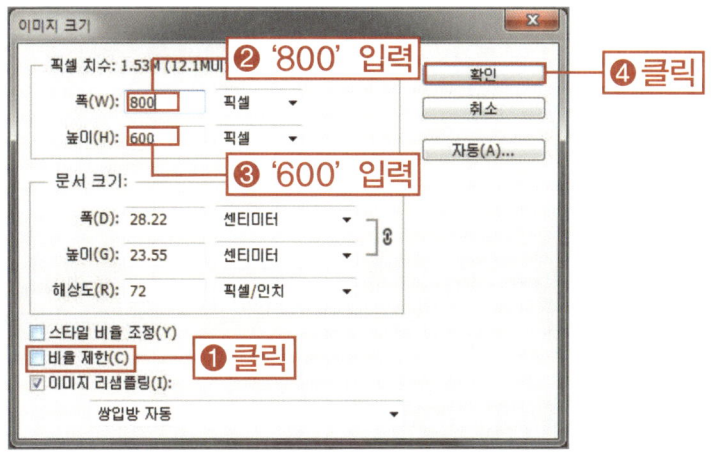

09 이미지가 축소된 것을 확인할 수 있습니다.

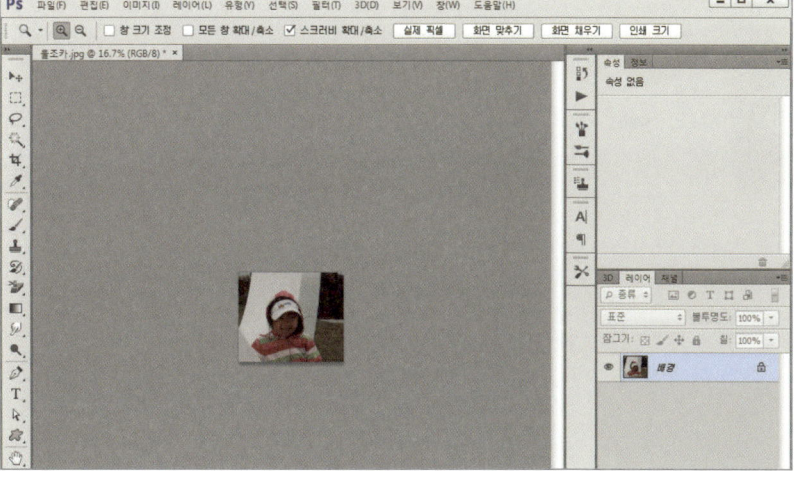

10 상단 메뉴에서 [이미지]–[이미지 회전]을 클릭한 후 나오는 목록 중에서 [180도 회전]을 클릭합니다.

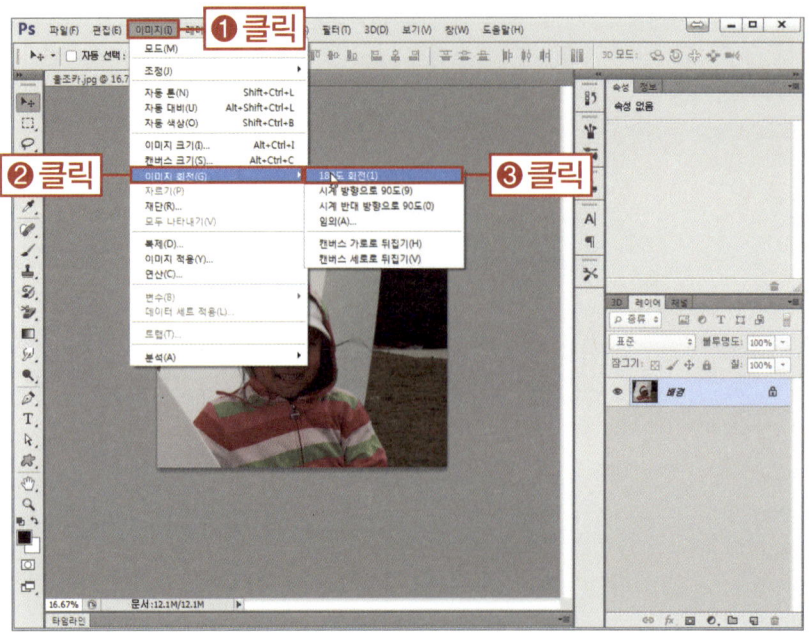

TIP '시계 방향으로 90도'는 오른쪽으로 회전됩니다. '시계 반대 방향으로 90도'는 왼쪽으로 회전되며 '임의'는 사용자가 직접 회전 각도를 입력하여 지정할 수 있습니다. '캔버스 가로로 뒤집기'는 거울로 본 것처럼 왼쪽과 오른쪽이 바뀌게 되며, '캔버스 세로로 뒤집기'는 위와 아래의 모양이 바뀌게 됩니다.

11 사진이 180도 회전된 것을 확인할 수 있습니다.

연습문제 >> 문제를 풀며 확인해보세요.

01 [2장]의 [2-연습1.jpg]를 불러온 후 배경을 제외하고 인물만 잘라 보세요.

> **HINT** 도구 상자에서 [자르기 도구](🔲)를 클릭→자르고 싶은 만큼 마우스로 드래그한 후 이미지 위를 더블 클릭

02 [2장]의 [2-연습2.jpg]를 불러온 후 오른쪽으로 회전시켜 보세요.

> **HINT** [이미지]를 클릭한 후 [이미지 회전] 클릭→목록에서 [시계 방향으로 90도] 클릭

03 사진에 부드러운 가장자리 만들기

선택 윤곽 도구는 이미지 일부를 자르거나 부분적으로 효과를 줄 때 많이 쓰이는 기능입니다. 이번 장에서는 선택 윤곽 도구의 사각형 선택 영역과 선택한 영역의 외각선을 기준으로 부드럽게 처리하는 페더 기능을 통해 이미지에 효과를 주는 방법을 알아보겠습니다.

| 이런 걸 배워요! | 사각형 선택 윤곽 도구, 페더 기능, 반전 기능

미리보기

01 [파일]-[열기]를 클릭해 [3장] 폴더의 [치이즈.jpg]를 불러옵니다.

02 도구 상자에서 [사각형 선택 윤곽 도구](▢)를 선택한 후 상단 옵션의 [페더] 값에 '50'을 입력한 후 Enter 를 누릅니다.

03 이후 마우스를 클릭한 상태로 왼쪽 상단에서 오른쪽 하단으로 드래그하여 그어줍니다.

TIP 페더 값은 사진의 크기에 따라 달라집니다. 사진이 클수록 페더 값을 높여주어야 합니다.

STEP 2 | **선택 영역 반전해서 지우기**

04 상단 메뉴에서 [선택]을 클릭한 후 [반전]을 클릭합니다.

05 상단 메뉴에서 [편집]을 클릭한 후 [지우기]를 클릭합니다.

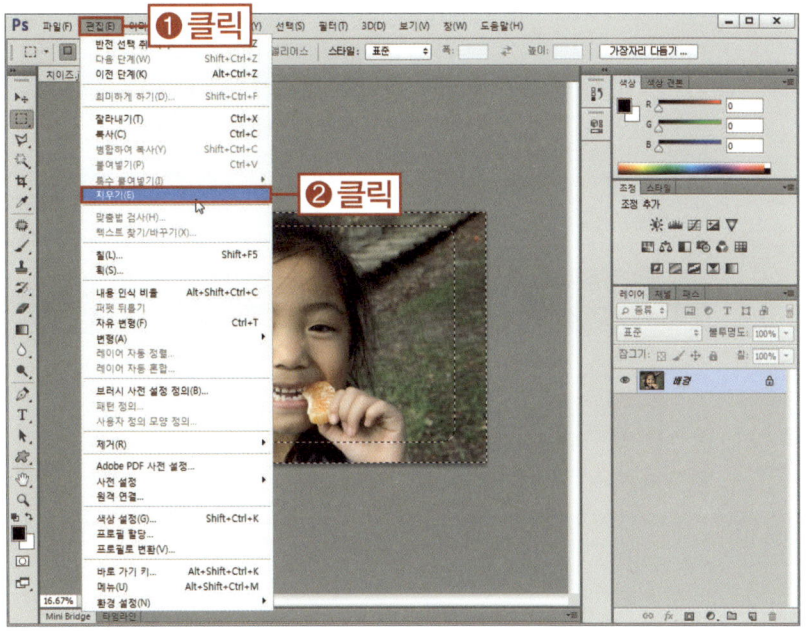

TIP 키보드의 **Ctrl** 를 누른 상태에서 **Delete** 키를 같이 누르면 지우기와 같은 효과를 적용할 수 있습니다.

STEP 3 선택 값 해제하고 저장하기

06 설정된 점선 라인을 해제하기 위해 상단 메뉴에 [선택]을 클릭한 후 [선택 해제]를 클릭합니다.

07 설정된 점선 라인이 해제됩니다. 파일을 저장하기 위해 상단 메뉴의 [파일]을 클릭한 후 [저장]을 클릭합니다.

TIP **수치에 따라 달라지는 페더 기능**

수치가 올라갈수록 퍼지는 효과가 커집니다.

▲ 페더기능 10%

▲ 페더기능 30%

이미지 '다른 이름으로 저장' 하기

파일의 이름을 변경하거나 다른 위치에 저장하기 위해서는 아래와 같은 방법을 사용하면 됩니다.

01 [파일]을 클릭한 후 [다른 이름으로 저장]을 클릭합니다.

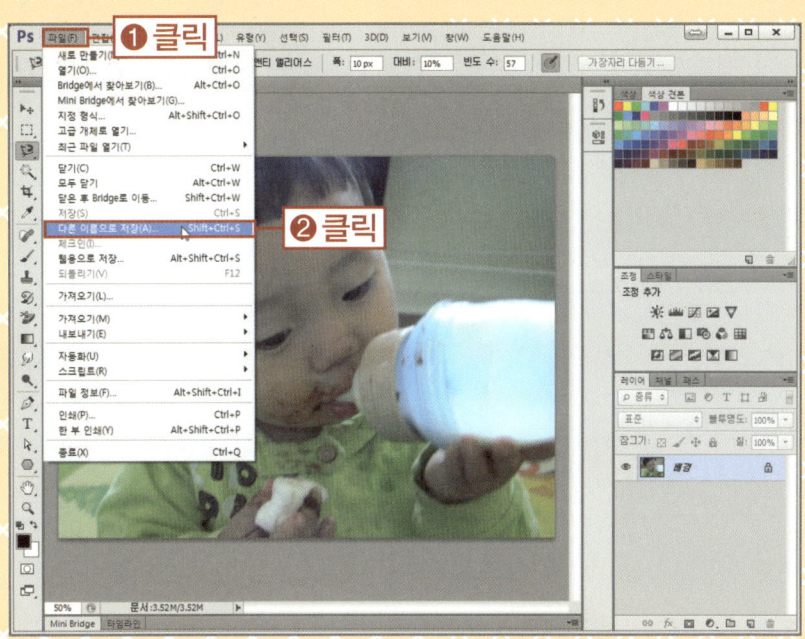

02 [다른 이름으로 저장] 대화상자가 나타나면 저장 위치를 선택하고 파일 이름을 입력합니다. 파일 형식을 'JPEG'로 선택하고 [저장]을 클릭합니다.

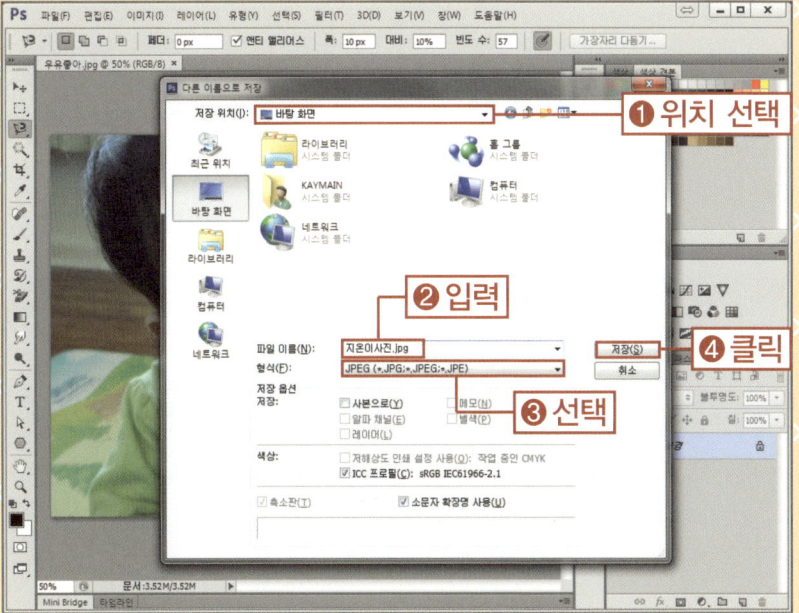

01 [3장]의 [3-연습1.jpg]를 불러온 후 페더 값을 '50'으로 지정하여 사진 외각에 흐림 효과를 적용해 보세요.

HINT
[사각형 선택 윤곽 도구](▣) 선택→[페더] 값: '50' 입력→왼쪽 상단에서 오른쪽 하단으로 드래그→[선택] 클릭한 후 [반전] 클릭→[편집] 클릭한 후 [지우기] 클릭→[선택] 클릭한 후 [선택 해제] 클릭

02 [3장]의 [3-연습2.jpg]를 불러온 후 페더 값을 '80'으로 지정하여 사진 외각에 흐림 효과를 적용해 보세요.

HINT
[사각형 선택 윤곽 도구](▣) 선택→[페더] 값: '80' 입력→왼쪽 상단에서 오른쪽 하단으로 드래그→[선택] 클릭한 후 [반전] 클릭→[편집] 클릭한 후 [지우기] 클릭→[선택] 클릭한 후 [선택 해제] 클릭

04 사진에 주밍샷 표현하기

주밍샷(Zooming shot)은 사진 촬영의 한 기법으로 사진 중앙을 기준으로 하여 마치 빨려 들어가는 듯이 표현하는 기법을 말합니다. 이번 장에서는 필터 메뉴의 [방사형 흐림 효과]를 사용하여 사진을 주밍샷으로 찍은 것처럼 만들어 보겠습니다.

| 이런 걸 배워요! | 이미지를 고급 개체로 변환, 방사형 흐림 효과

미리보기

01 [파일]-[열기]를 클릭해 [4장] 폴더의 [기도.jpg]를 불러옵니다.

02 상단 메뉴에서 [레이어]-[고급 개체]를 클릭한 후 [고급 개체로 변환]을 클릭합니다.

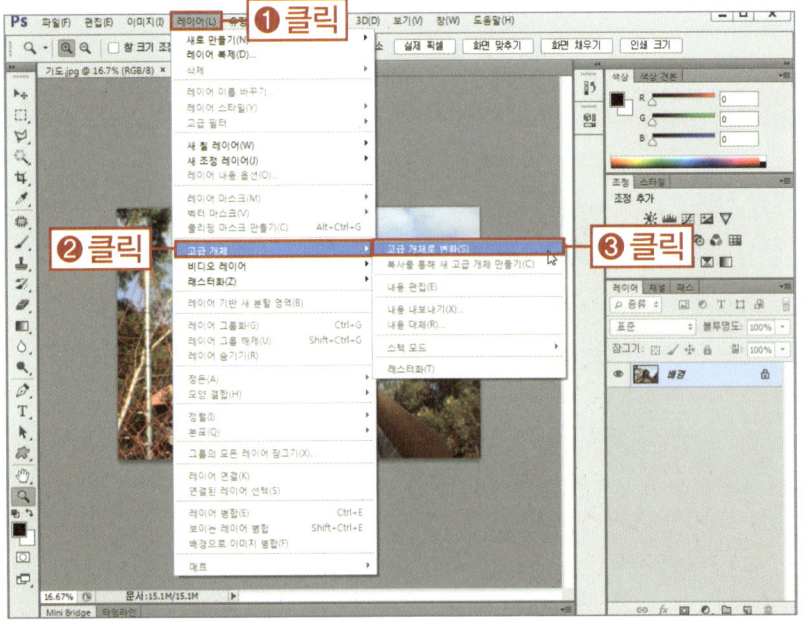

> **TIP** 불러온 이미지에서는 설정값과 옵션값을 한 번만 적용시킬 수 있지만 고급 개체로 변환하면 필터의 효과를 적용했을 때 설정값을 여러 번 바꿀 수 있는 상태로 변화됩니다.

03 [배경] 이미지에서 [레이어 0] 레이어로 변경된 것을 확인할 수 있습니다. 상단 메뉴의 [필터]-[흐림 효과]를 클릭한 후 목록에서 [방사형 흐림 효과]를 클릭합니다.

04 [방사형 흐림 효과] 창이 나타납니다. [양]은 '16'으로 입력하고 [흐림 효과 방법]의 [돋보기]를 클릭한 후 [품질]을 [최적]으로 선택하고 [확인]을 클릭합니다.

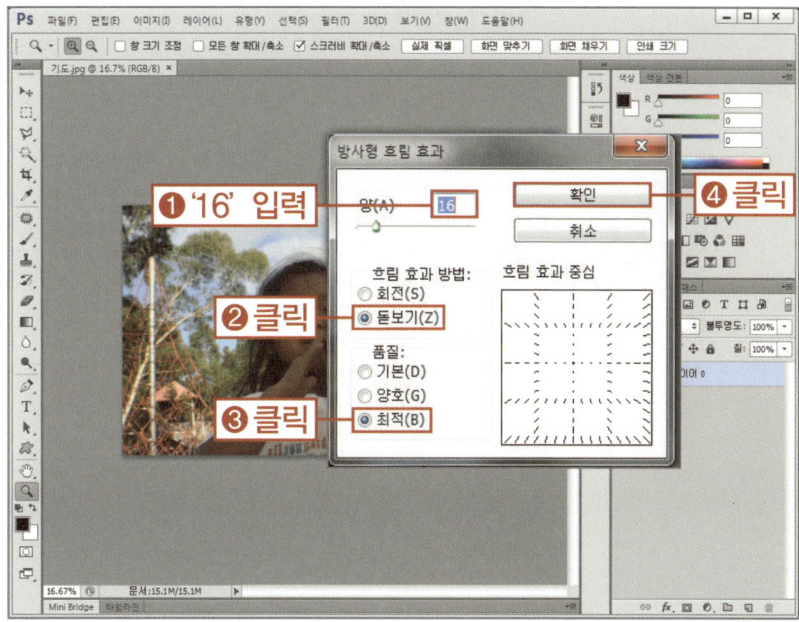

05 생성된 레이어를 합치기 위해 상단 메뉴에서 [레이어]를 클릭한 후 [배경으로 이미지 병합]을 클릭합니다.

06 레이어가 합쳐져서 [배경] 이미지가 생성되었습니다. [파일]-[저장]을 클릭해서 완성된 이미지를 저장합니다.

01 [4장]의 [4-연습1.jpg]를 불러온 후 방사형 흐림 효과의 [양]을 '10' 으로 적용해 보세요.

> **HINT**
> [레이어]-[고급 개체] 선택한 후 [고급 개체로 변환] 클릭→[필터]-[흐림 효과] 선택한 후 [방사형 흐림 효과] 클릭→[양]: '10' 입력, [흐림 효과 방법]: [돋보기], [품질]: [최적]으로 선택한 후 [확인] 클릭→[레이어] 선택한 후 [배경으로 이미지 병합] 클릭

02 [4장]의 [4-연습2.jpg]를 불러온 후 방사형 흐림 효과의 [양]을 '50' 으로 적용해 보세요.

> **HINT**
> [레이어]-[고급 개체] 선택한 후 [고급 개체로 변환] 클릭→[필터]-[흐림 효과] 선택한 후 [방사형 흐림 효과] 클릭→[양]: '50' 입력, [흐림 효과 방법]: [돋보기], [품질]: [최적]으로 선택한 후 [확인] 클릭→[레이어] 선택한 후 [배경으로 이미지 병합] 클릭

05 특정 부분을 제외한 사진의 배경 색칠하기

올가미 도구는 사진의 특정 부분을 선택할 때 이미지를 자유롭게 그릴 수 있는 도구입니다. 올가미 도구 중에서는 올가미 도구, 다각형 올가미 도구, 자석 올가미 도구가 있습니다 여기에서는 다각형 올가미 도구를 이용하여 간판을 제외한 배경 이미지에 색을 적용하는 방법을 배우겠습니다.

| 이런 걸 배워요! | 올가미 도구

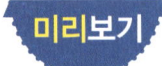

01 [파일]–[열기]를 클릭해 [5장] 폴더의 [호주풍경중.jpg]를 불러옵니다.

02 [올가미 도구]( )를 길게 클릭한 후 나오는 목록 중 [다각형 올가미 도구]를 클릭합니다.

03 [다각형 올가미 도구](⌀)를 사용하여 간판의 각진 부분을 클릭해가며 테두리를 연결합니다.

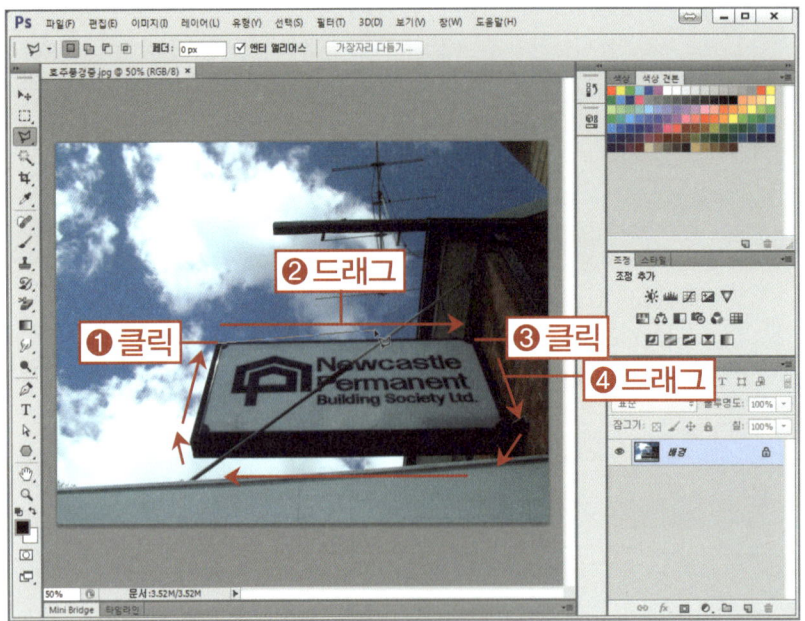

04 맨 처음 [다각형 올가미 도구]를 사용한 시작점과 끝점이 만나면 동그라미가 생기는데 이때 클릭하여 앞에서 그은 선을 연결합니다.

05 이미지가 선택되면 상위 메뉴에서 [선택]을 클릭한 후 [반전]을 클릭합니다.

06 상단 메뉴에서 [편집]을 클릭한 후 [칠]을 클릭합니다. 이후 [칠] 창이 나타나면 [사용]에서 [전경색]을 선택한 후 [확인]을 클릭합니다.

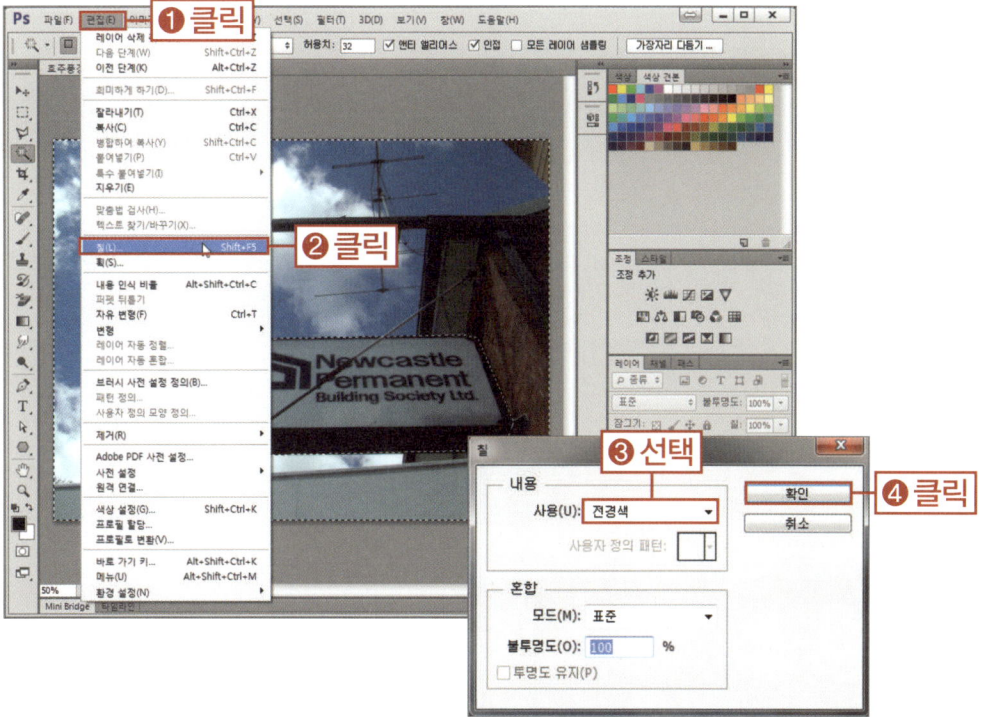

TIP 전경색을 변경하려면 [전경색/배경색 설정](■)의 전경색인 검은색 부분을 마우스로 클릭하여 색상을 변경한 후 적용하면 됩니다.

07 선택한 영역을 제외한 배경의 색이 칠해진 것을 확인할 수 있습니다. 선택된 지점을 해제하기 위해 상단 메뉴에서 [선택]을 클릭한 후 [선택 해제]를 클릭합니다.

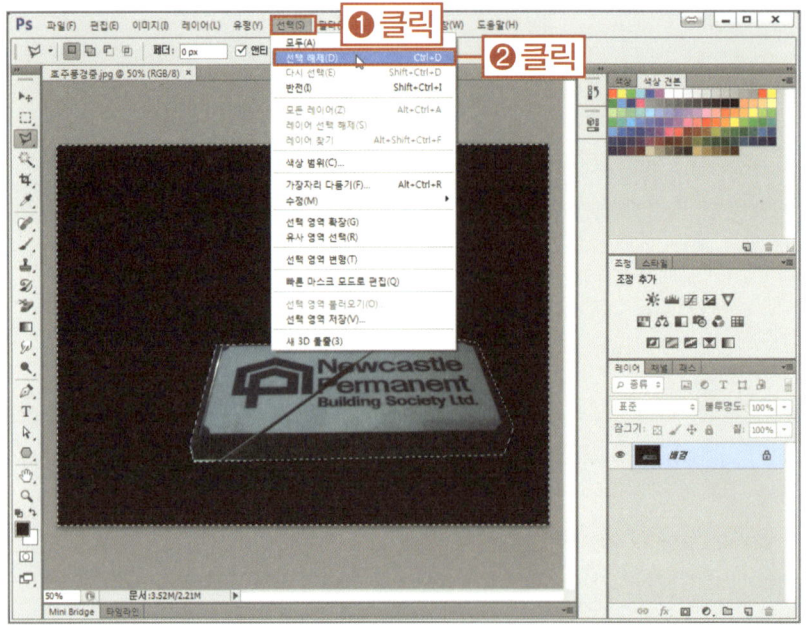

08 선택이 해제되면 [파일]을 클릭한 후 [저장]을 클릭하여 완성된 이미지를 저장합니다.

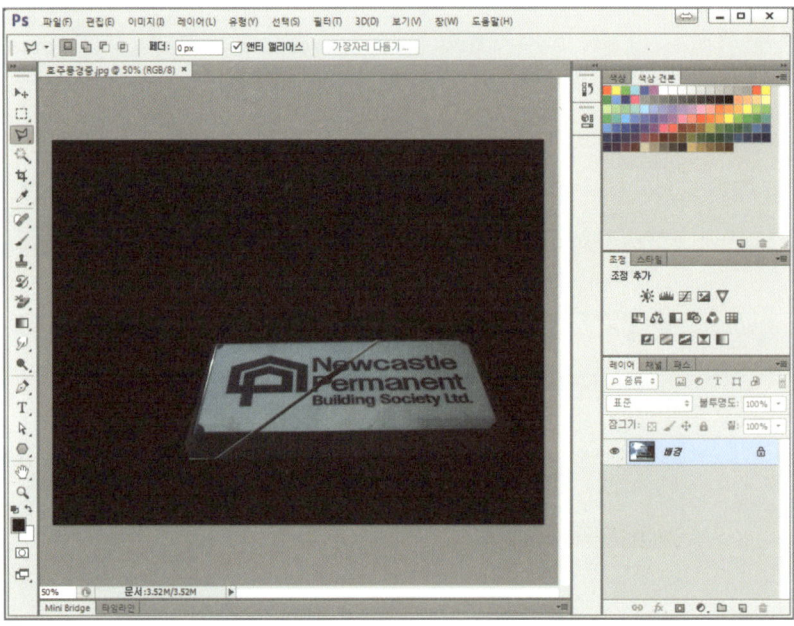

01 [5장]의 [5-연습1.jpg]를 불러온 후 자전거 도로를 제외한 배경에 색상을 넣어 보세요.

> **HINT**
> 도구 상자에서 [다각형 올가미 도구](✋) 클릭→자전거 도로 부분을 지정→[선택] 클릭한 후 [반전] 클릭→[편집] 클릭한 후 [칠] 클릭→[칠] 창의 [사용]에서 [전경색]을 선택한 후 [확인] 클릭→[선택] 클릭한 후 [선택 해제] 클릭

02 [5장]의 [5-연습2.jpg]를 불러온 후 십자가를 제외한 배경에 색상을 넣어 보세요.

> **HINT**
> 도구 상자에서 [다각형 올가미 도구](✋) 클릭→십자가 부분을 지정→[선택] 클릭한 후 [반전] 클릭→[편집] 클릭한 후 [칠] 클릭→[칠] 창의 [사용]에서 [전경색]을 선택한 후 [확인] 클릭→[선택] 클릭한 후 [선택 해제] 클릭

06 사진 속 특정 부분 지우기

사진 촬영을 한 후 의도하지 않은 부분이나 지우고 싶은 부분이 생길 때 포토샵의 [복제 도장 도구]를 이용하면 감쪽같이 지울 수 있습니다. 지우고 싶은 부분의 근접한 배경을 복사한 다음 삭제하고 싶은 부분으로 붙여넣기하면 됩니다.

| 이런 걸 배워요! | 돋보기 도구, 복제 도장 도구

미리보기

01 [파일]-[열기]를 클릭해 [6장] 폴더의 [호주새들.jpg]를 불러옵니다.

02 도구 박스에서 [돋보기 도구]( )를 클릭한 후 [확대]( )를 선택합니다. 이후 확대하고 싶은 사진 위 부분을 마우스로 여러 번 클릭해 확대시킵니다.

❷ 클릭

❸ 클릭

❶ 클릭

TIP 키보드의 [Alt]를 클릭한 상태에서 마우스 가운데의 휠 버튼을 위, 아래로 돌리면 확대/축소가 됩니다.

03 도구 상자에서 [복제 도장 도구](🖌️)를 선택한 후 Alt 를 누른 상태에서 마우스를 클릭하여 복사할 부분을 선택합니다.

TIP 도장 크기를 조절하려면 상단의 옵션 메뉴 중 [브러시 피커](🖌️)의 목록 단추(▾)를 클릭한 후 [크기]에서 설정하면 됩니다.

04 복사가 완료되면 마우스를 클릭한 상태로 선 위를 드래그합니다. 03에서 복사한 부분이 선 위에 복사되면서 선이 지워집니다.

05 확대한 사진을 축소해서 보기 위해 [돋보기 도구]( )를 클릭한 후 [축소]( )를 클릭합니다. 이후 사진 위 부분을 마우스로 여러 번 클릭해 축소시킵니다.

06 선이 삭제된 것을 확인한 후 [파일]–[저장]을 클릭해서 완성된 이미지를 저장합니다.

연습문제 >> 문제를 풀며 확인해보세요.

01 [6장]의 [6-연습1.jpg]를 불러온 후 조각상의 왼쪽에 나뭇잎을 지워보세요.

HINT [복제 도장 도구](📋) 선택→ Alt 를 누른 상태에서 복사할 부분(구름이나 하늘)을 클릭→복사가 완료되면 마우스를 클릭한 상태로 나뭇잎 위 드래그

02 [6장]의 [6-연습2.jpg]를 불러온 후 바다와 모래사장을 복사해서 사람들을 지워보세요.

HINT [복제 도장 도구](📋) 선택→ Alt 를 누른 상태에서 복사할 부분(바다와 모래)을 클릭→복사가 완료되면 마우스를 클릭한 상태로 사람 위 드래그

07 분위기있는 흑백사진 만들기

컬러 사진을 흑백 사진으로 변경하여 분위기있게 연출하고 싶을 때가 있습니다. 이번 장에서는 컬러 사진을 조정 레이어의 색조/채도를 이용하여 흑백 필름 느낌과 같은 효과를 만들어 보겠습니다. 여기서 조정 레이어란 레이어에 명도/대비, 흑백, 색조/채도 등과 같은 효과를 줄 수 있는 레이어를 말합니다.

ㅣ이런 걸 배워요!ㅣ 조정 레이어의 흑백 효과

미리보기

01 [파일]-[열기]를 클릭해 [7장] 폴더의 [누나네가족.jpg]를 불러옵니다.

02 상단 메뉴에서 [레이어]-[새 조정 레이어]를 클릭한 후 [색조/채도]를 클릭합니다.

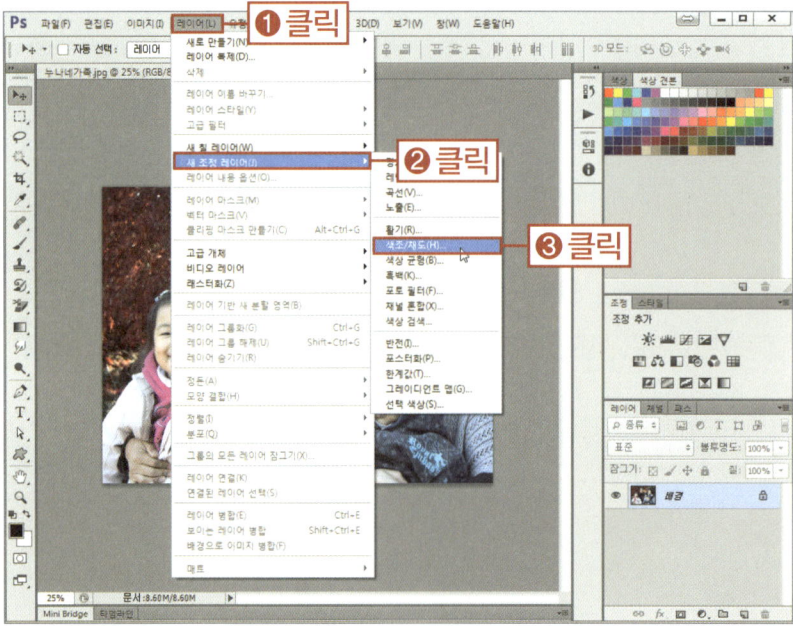

03 새 조정 레이어의 옵션 창이 나오면 [확인]을 클릭하여 '색조/채도'를 적용합니다.

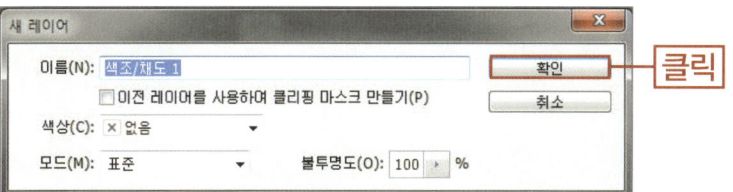

04 [속성] 탭-[사전 설정] 메뉴에서 [기본값]을 클릭한 후 [암갈색]을 선택합니다.

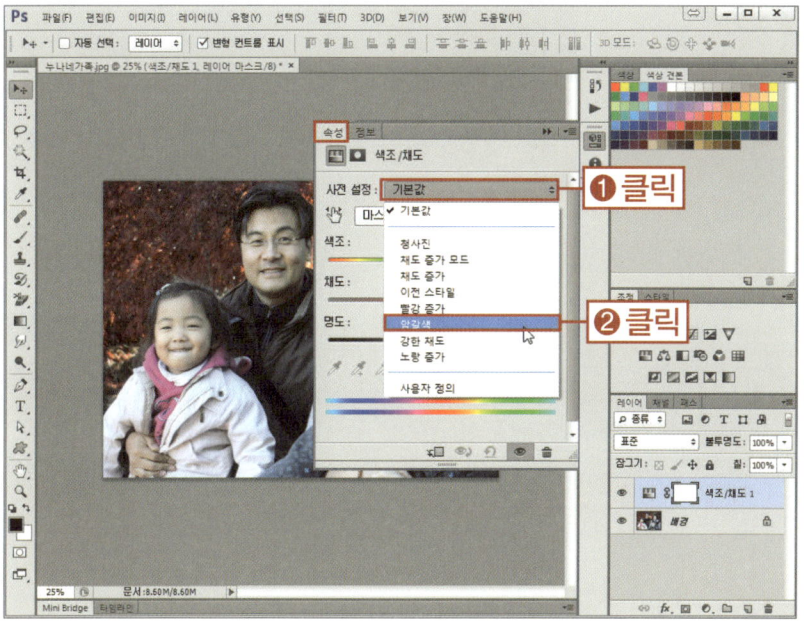

TIP 푸른빛의 사진을 만들고 싶다면 [청사진]을 선택하면 됩니다.

05 사진이 암갈색으로 변경되면 [속성] 창 오른쪽의 ▶▶를 클릭하여 [속성] 창을 닫습니다.

06 [레이어]를 클릭한 후 [배경으로 이미지 병합]을 클릭하여 배경과 조정 레이어인 [색조/채도 1]을 합쳐줍니다.

07 [배경] 이미지가 생성되면 [파일]–[저장]을 클릭해서 완성된 이미지를 저장합니다.

연습문제 » 문제를 풀며 확인해보세요.

01 [7장]의 [7-연습1.jpg]를 불러온 후 '암갈색'으로 설정하여 변경해 보세요.

> **HINT** [레이어]-[새 조정 레이어]를 클릭한 후 [색조/채도]를 클릭→[확인] 클릭→[속성] 탭-[사전 설정] 메뉴 중 [암갈색]을 클릭

02 [7장]의 [7-연습2.jpg]를 불러온 후 '청사진'으로 설정하여 변경해 보세요.

> **HINT** [레이어]-[새 조정 레이어]를 클릭한 후 [색조/채도]를 클릭→[확인] 클릭→[속성] 탭-[사전 설정] 메뉴 중 [청사진]을 클릭

08 그림 그린 것처럼 표현하기

이번 장에서는 포토샵의 필터 기능을 사용하여 사진을 그림 그린 것과 같이 표현해 보도록 하겠습니다. 혼합 옵션 창과 투명도 조절을 이용하면 종이의 질감과 수채화 효과의 특징을 살려 한 사진에 담아낼 수 있습니다.

ㅣ이런 걸 배워요!ㅣ 레이어 복제, 수채화 효과, 필터 효과

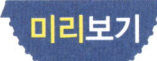

01 [파일]-[열기]를 클릭해 [8장] 폴더의 [지온이.jpg]를 불러옵니다.

02 상단 메뉴에서 [레이어]를 클릭하고 [레이어 복제]를 클릭합니다.

TIP 레이어를 복제하여 각각 다른 효과를 적용할 수 있습니다. 각기 다른 효과를 적용한 레이어를 병합하면 좀 더 풍부한 이미지 형태를 만들 수 있습니다.

03 [레이어 복제] 창이 나오면 [새 이름]에 '수채화효과' 라고 입력한 후 [확인]을 클릭합니다.

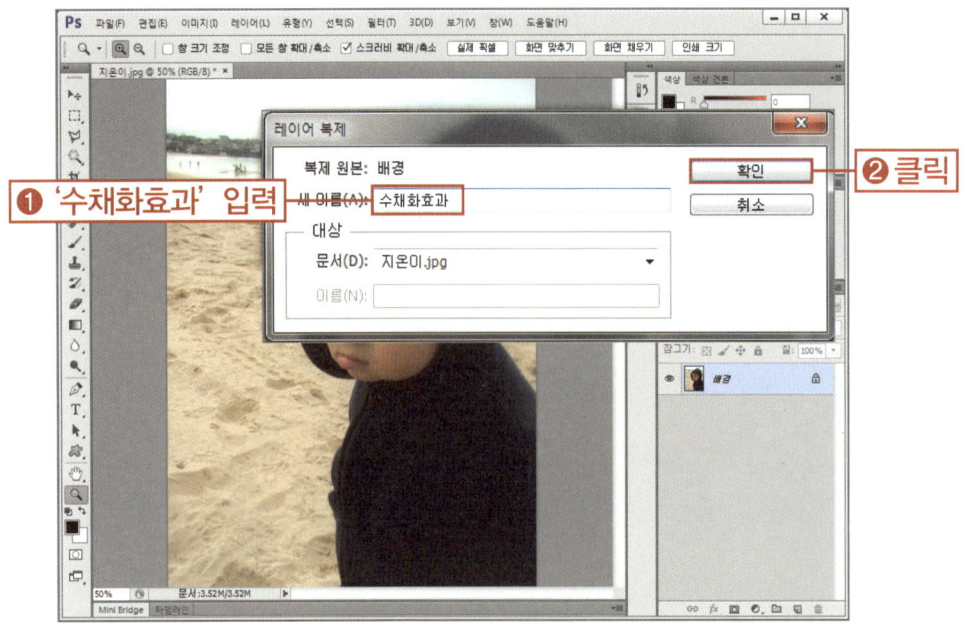

TIP 레이어나 효과를 많이 사용하게 될 경우 효과와 관련된 이름을 적어서 관리하면 편리합니다.

04 다시 한 번 상단 메뉴에서 [레이어]를 클릭하고 [레이어 복제]를 클릭합니다.

05 [레이어 복제] 창이 나오면 [새 이름]에 '질감'이라고 입력한 후 [확인]을 클릭합니다.

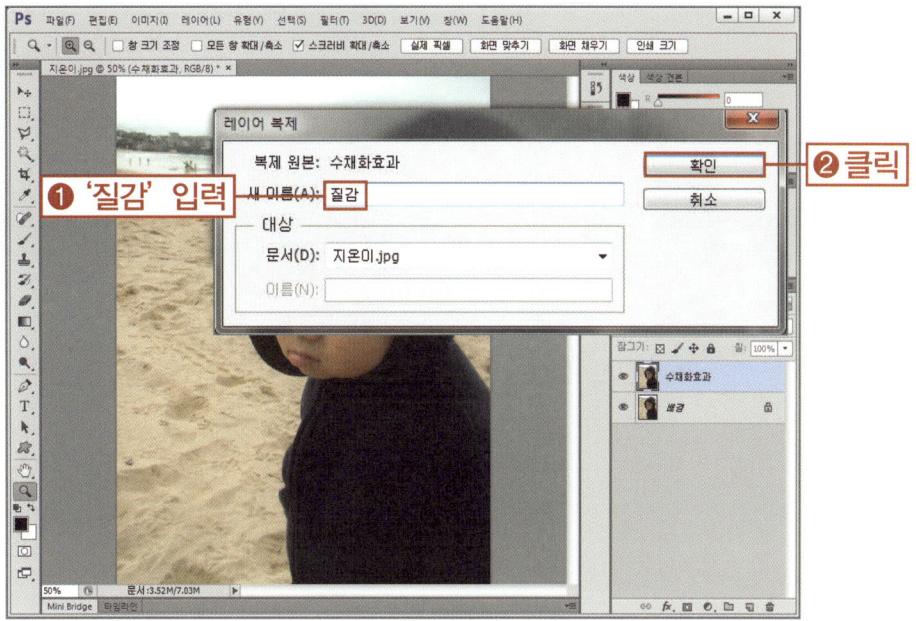

06 질감 효과를 비활성화 하기 위해 [질감] 레이어 오른쪽의 눈 아이콘인 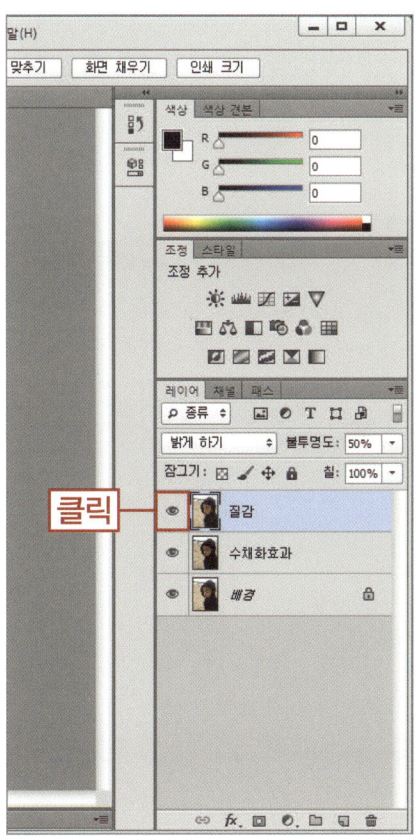 를 클릭합니다. 레이어가 비활성화되어 눈 아이콘이 사라집니다.

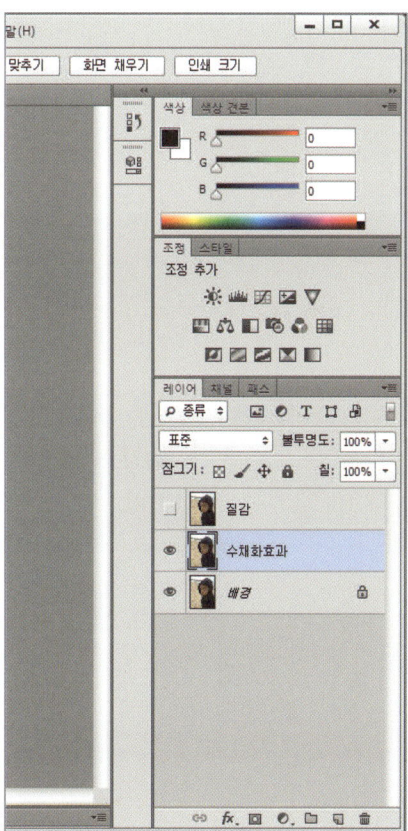

07 [수채화 효과] 레이어를 선택한 후 상단 메뉴의 [필터]–[필터 갤러리]를 클릭합니다.

TIP 필터 갤러리는 이미지에 특수한 효과를 주기 위한 포토샵의 필터 기능을 작업자가 손쉽게 작업할 수 있도록 모아놓은 곳입니다.

08 [수채화 효과] 창이 나타나면 목록에서 [예술 효과]를 클릭한 후 [수채화 효과]를 클릭합니다. [브러시 세부]에는 '7'을, [음영 강도]와 [텍스처]는 '1'을 입력한 후 [확인]을 클릭합니다.

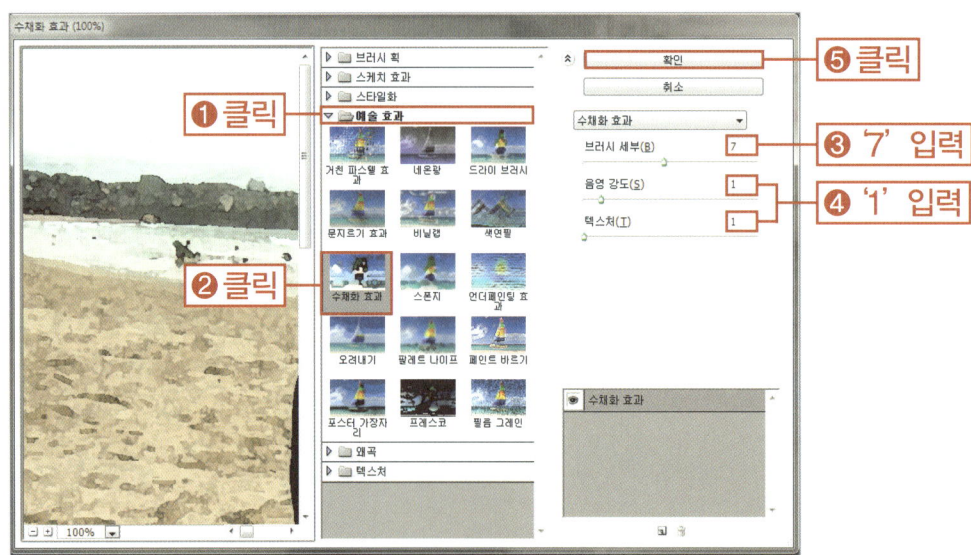

09 [질감] 레이어의 사라진 눈 아이콘 부분을 클릭하여 활성화시킨 후 레이어를 클릭합니다. 레이어 창의 [표준]을 클릭하여 [밝게 하기]를 선택한 후 불투명도에 '50%'을 입력하고 Enter 를 누릅니다.

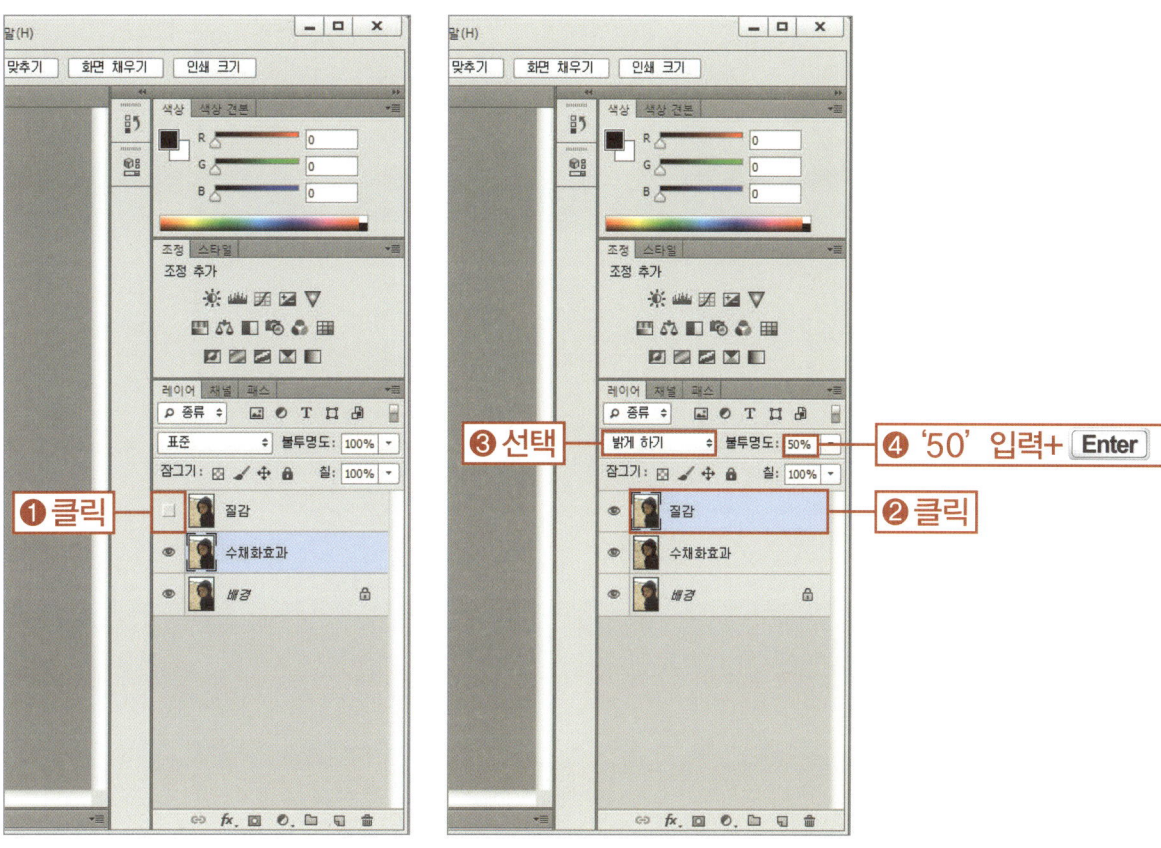

10 상단 메뉴에서 [필터]를 클릭한 후 [필터 갤러리]를 클릭합니다.

11 [필터 효과] 옵션 창이 열리면 목록에서 [텍스처]를 클릭한 후 [텍스처화]를 선택합니다. [비율]은 '95', [부조]는 '5'로 입력한 후 [확인]을 클릭합니다.

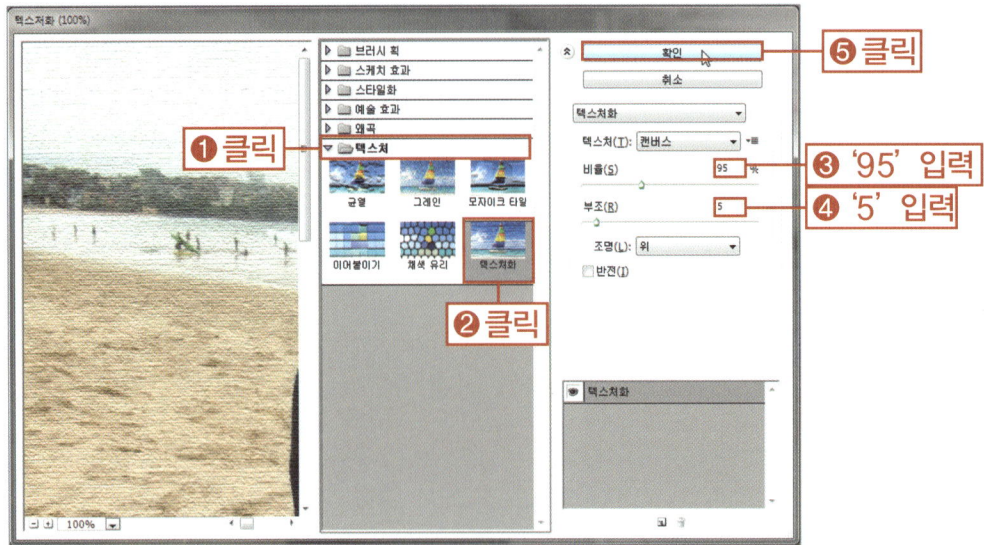

12 도구 상자에서 [돋보기 도구]( )를 더블 클릭하여 필터가 적용된 사진을 자세히 확인해 봅니다.

TIP 확대한 이미지에서 [수채화 질감]과 [종이 질감]이 적용된 것을 확인할 수 있습니다.

13 레이어를 합치기 위해서 상단메뉴의 [레이어]를 클릭한 후 [배경으로 이미지 병합]을 클릭합니다.

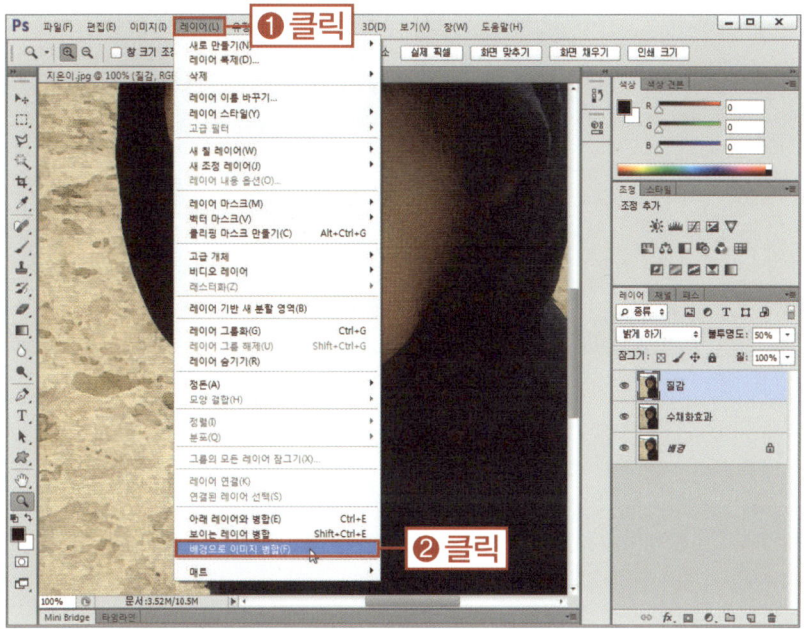

14 생성된 레이어가 합쳐지면 [파일]-[저장]을 클릭하여 이미지를 저장합니다.

01 [8장]의 [8-연습1.jpg]를 불러온 후 필터 갤러리의 [포스터 가장자리] 효과를 적용해 보세요

HINT [레이어] 클릭한 후 [레이어 복제] 클릭→[레이어 복제] 창의 [새 이름]에 '포스터 가장자리'라고 입력한 후 [확인] 클릭→[필터] 클릭한 후 [필터 갤러리] 클릭→목록에서 [예술 효과] 클릭한 후 메뉴 중 [포스터 가장자리] 효과 클릭→[확인] 클릭

02 [8장]의 [8-연습2.jpg]를 불러온 후 필터 갤러리의 [프레스코] 효과를 적용해 보세요.

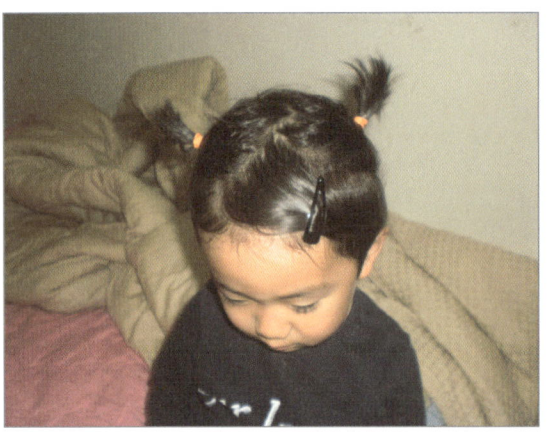 

HINT [레이어] 클릭한 후 [레이어 복제] 클릭→[레이어 복제] 창의 [새 이름]에 '프레스코'라고 입력한 후 [확인] 클릭→[필터] 클릭한 후 [필터 갤러리] 클릭→목록에서 [예술 효과] 클릭한 후 메뉴 중 [프레스코] 효과 클릭→[확인] 클릭

09 포인트 컬러가 있는 흑백사진 만들기

일반적인 컬러 사진을 흑백으로 만든 후 일부분에만 포인트 컬러를 주면 새로운 느낌의 사진을 얻을 수 있습니다. 이번 장에서는 사진의 인물 이외의 배경을 흑백으로 넣어 인물이 돋보이는 사진을 만들어 보겠습니다.

| 이런 걸 배워요! | 조정 레이어의 흑백효과

미리보기

 **01** [파일]-[열기]를 클릭해 [9장] 폴더의 [사과는맛있어.jpg]를 불러옵니다.

02 상단 메뉴에서 [레이어]-[새 조정 레이어]를 클릭한 후 [흑백]을 클릭합니다.

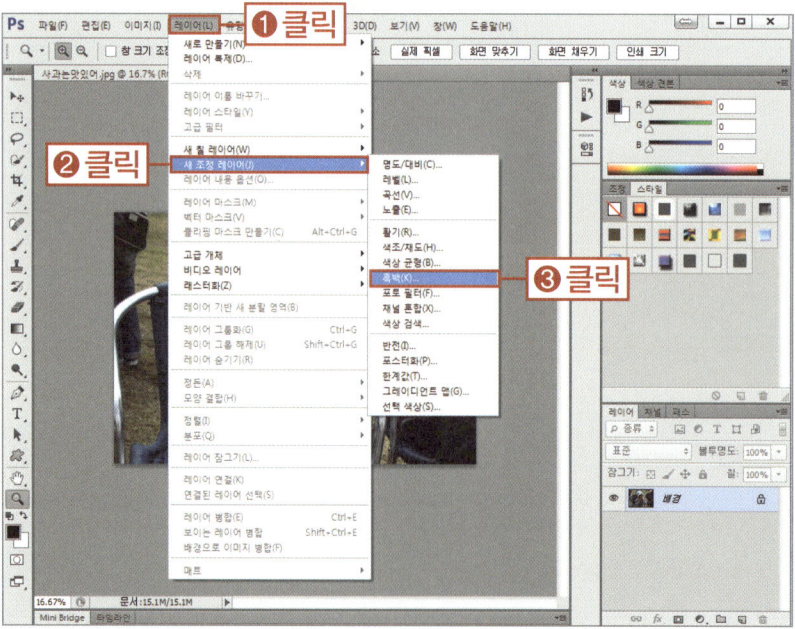

03 새 조정 레이어의 옵션 창이 나오면 [확인]을 클릭하여 흑백 효과를 적용합니다.

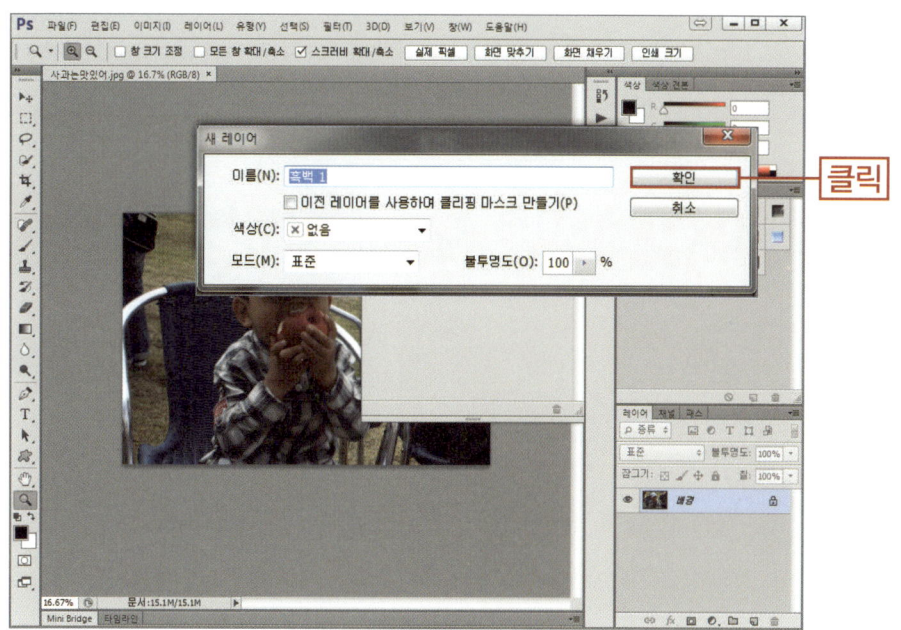

04 사진이 흑백으로 변경된 것을 확인할 수 있습니다. 다음 작업을 위해 [속성] 창 오른쪽의 ▶▶를 클릭하여 [속성] 창을 닫습니다.

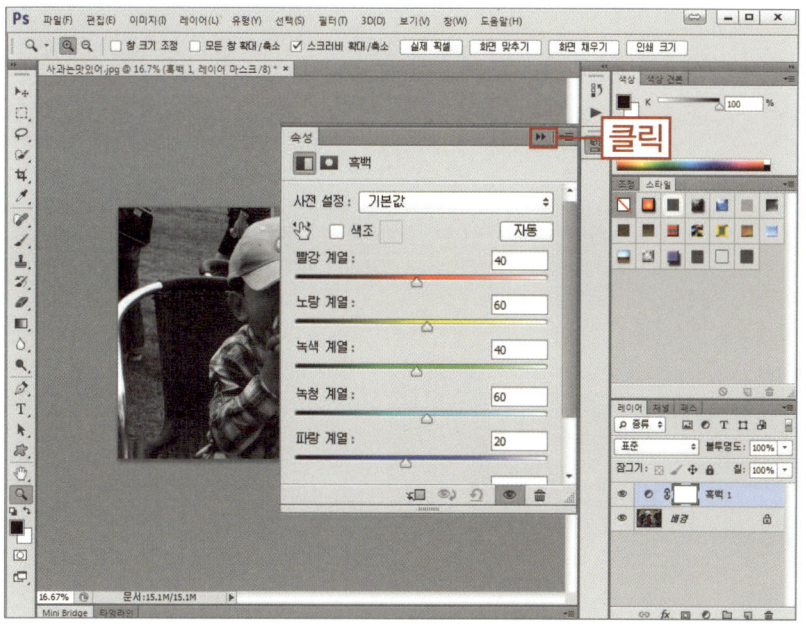

05 도구 상자에서 [브러시 도구]( )를 클릭한 후 사진 안에 인물을 마우스로 드래그하여 칠합니다.

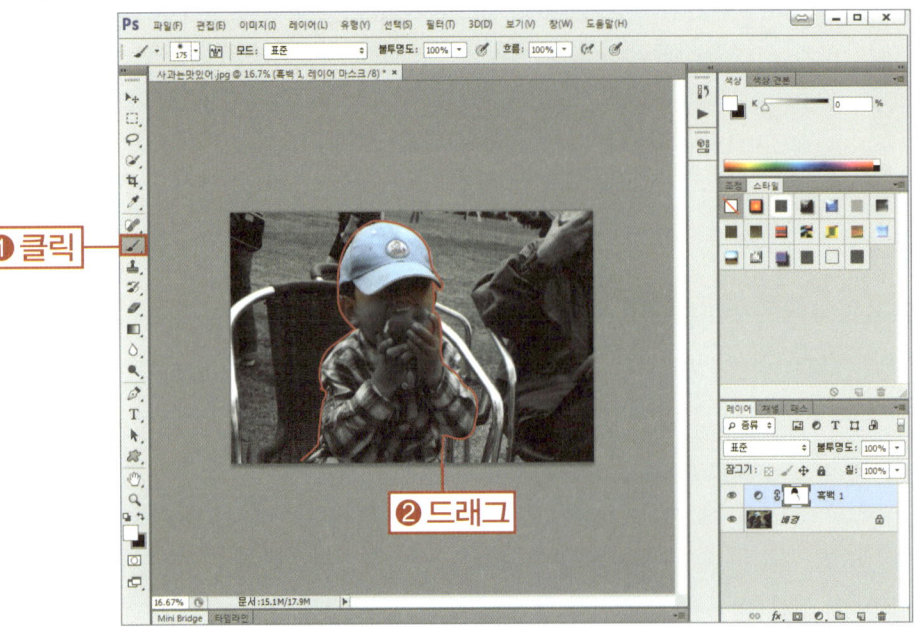

06 색을 잘못 칠한 경우에는 [전경색/배경색 설정]( )의 클릭해서 하얀 면인 배경색을 위쪽으로 이동( )시킨 후 잘못 칠한 부분을 다시 마우스로 드래그해서 칠합니다.

TIP 검정색 부분이 전경색이고 하얀색 부분이 배경색입니다.
전경색과 배경색 레이어 전환 버튼의 단축키는 X 입니다.

07 상단 메뉴의 [레이어]를 클릭한 후 [배경으로 이미지 병합]을 선택하여 레이어를 합쳐줍니다.

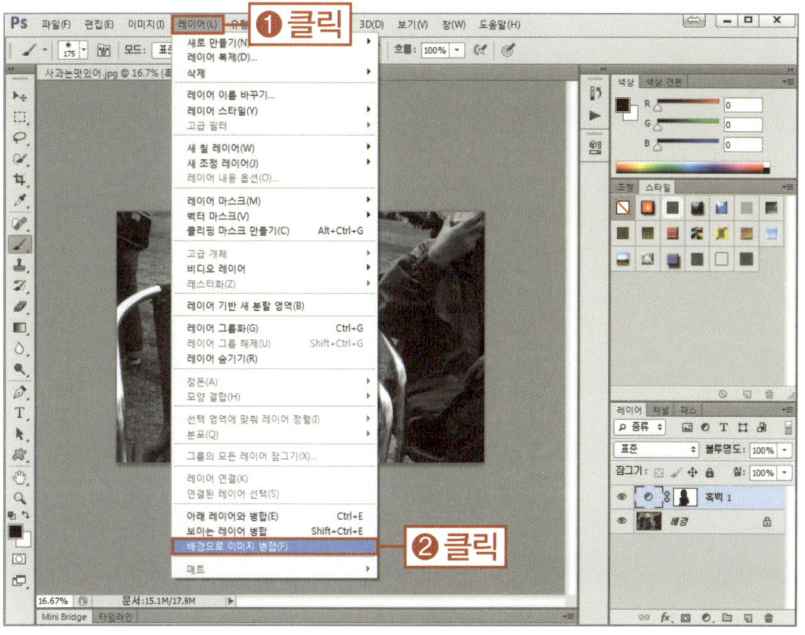

08 레이어가 합쳐지면 [파일]-[저장]을 클릭하여 이미지를 저장합니다.

마스크 개념 익히기

마스크는 레이어 상태에서만 적용되는 기능으로 특정한 부분을 보여주거나 가릴 때, 이미지를 합성할 때 많이 쓰입니다. 사진 위에 검게 칠해진 부분은 마스크가 씌어있는 상태이기에 이미지가 가려져 보입니다. 마스크 영역에서 하얀색으로 칠해진 부분은 마스크가 벗겨진 상태로 이미지가 보이는 영역입니다. 아래 이미지의 마스크 부분 중 꽃잎 부분만 하얀색으로 칠해져 있고 나머지 부분은 검은색으로 칠해져 있기 때문에 꽃잎 부분만 따로 볼 수 있습니다.

❶ 레이어로 변경된 배경 이미지

❷ 레이어에서 노출될 부분과 비 노출을 적용할 수 있는 마스크 영역

❸ 레이어에서 마스크 영역으로 적용되어 나온 이미지

01 [9장]의 [9-연습1.jpg]를 불러온 후 사진을 흑백사진을 만들어 배경을 제외한 토마토 부분에만 포인트 컬러를 적용해 보세요.

HINT [레이어]-[새 조정 레이어] 목록에서 [흑백] 클릭→[새 레이어] 창이 나타나면 [확인] 클릭→[브러시](✏.)를 클릭한 후 이미지의 토마토 부분을 드래그하여 색칠

02 [9장]의 [9-연습2.jpg]를 불러온 후 흑백사진을 만들어 배경을 제외한 꽃 부분에만 포인트 컬러를 적용해 보세요.

HINT [레이어]-[새 조정 레이어] 목록에서 [흑백] 클릭→[새 레이어] 창이 나타나면 [확인] 클릭→[브러시](✏.)를 클릭한 후 이미지의 꽃 부분을 드래그하여 색칠

10 카메라로 찍은 것과 같은 아웃포커싱 효과 만들기

아웃포커싱은 찍고자 하는 대상을 제외한 부분을 뿌옇게 처리하여 중요한 부분은 좀 더 집중해서 볼 수 있는 기능입니다. 포토샵에서는 조정 효과의 흐림 효과를 이용하여 적용할 수 있습니다. 이번 장에서는 사진을 고급 개체로 변환하여 아웃포커싱 효과가 적용된 사진을 만들어 보겠습니다.

| 이런 걸 배워요! | 고급 계체, 가우시안 흐림 효과

미리보기

01 [파일]-[열기]를 클릭해 [10장] 폴더의 [해맑은아이.jpg]를 불러옵니다.

02 상단 메뉴에서 [레이어]-[고급 개체]를 클릭한 후 [고급 개체로 변환]을 선택합니다.

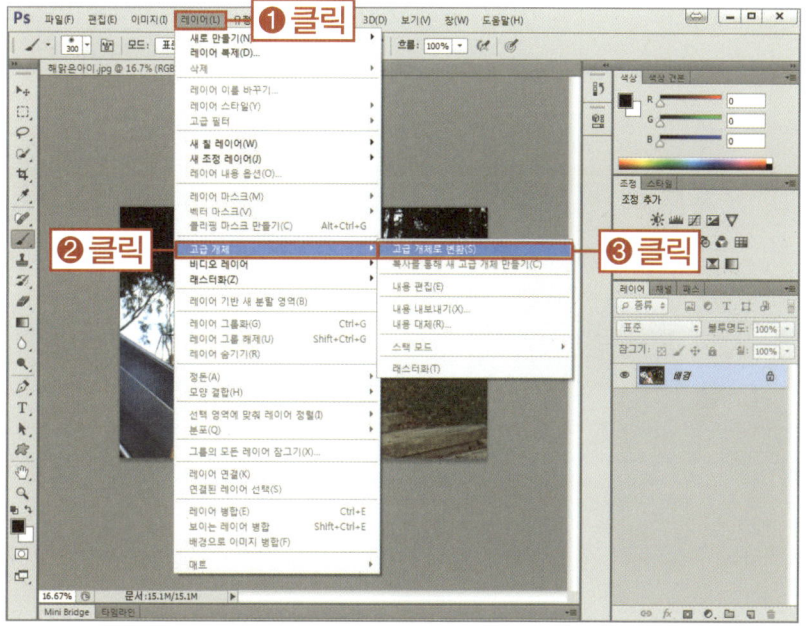

> **TIP** 고급 개체로 변환하면 흐림 효과를 적용했을 때 설정 값을 언제나 수정할 수 있는 상태로 변화됩니다.

03 고급 개체로 변환되면 [필터]-[흐림 효과]를 클릭한 후 흐림 효과 메뉴 중 [가우시안 흐림 효과]를 선택합니다.

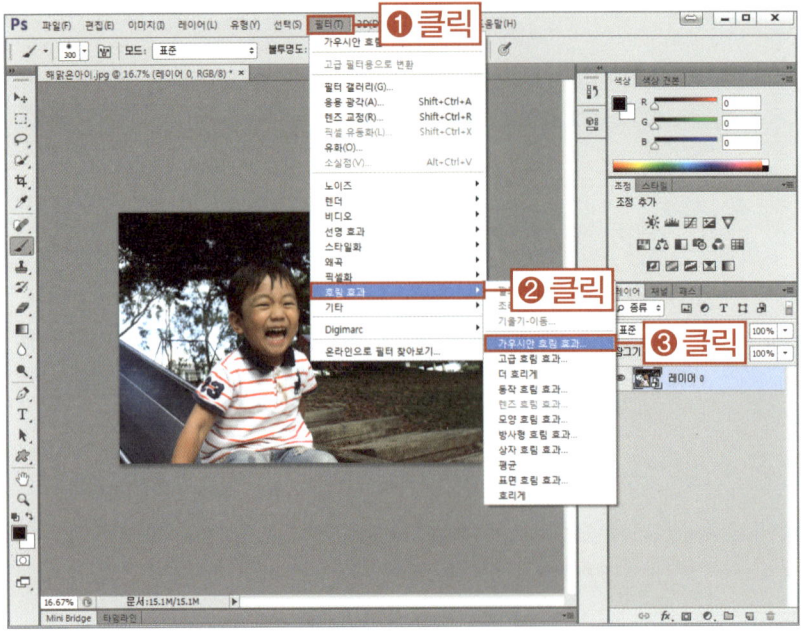

04 [가우시안 흐림 효과] 창이 나타나면 [변경]에 '10'을 입력하고 [확인]을 클릭합니다.

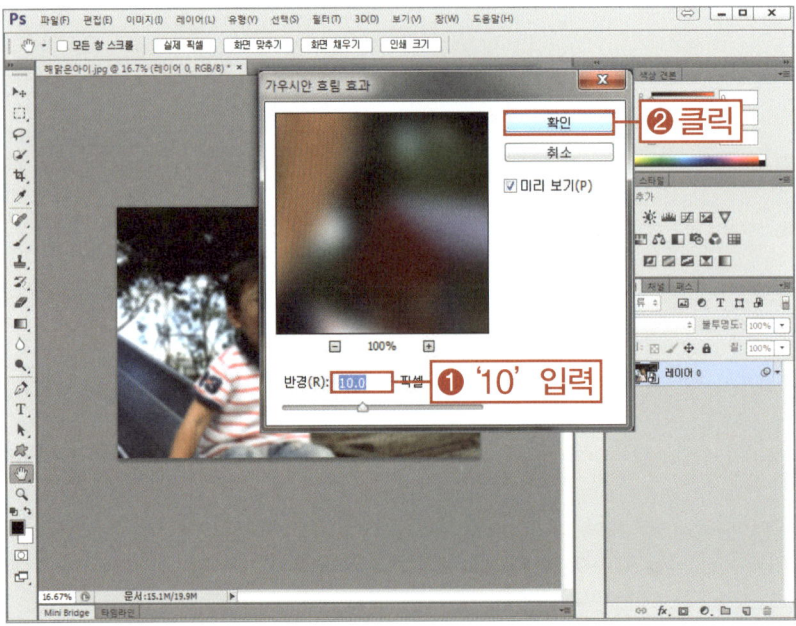

05 [고급 필터]의 마스크 부분을 클릭한 후 도구 상자에서 [브러시 도구](🖌)를 선택합니다.

06 배경을 제외한 인물 위를 마우스로 드래그하여 칠해줍니다.

> **TIP** 브러시의 크기를 조절하려면 위의 메뉴 중 [브러시 피커](🖌️)의 목록 단추(▼)를 클릭한 후 [크기] 메뉴에서 설정하면 됩니다.

07 배경이 제외된 인물 부분이 선명하게 되었으면 [레이어]-[배경으로 이미지 병합]을 클릭합니다.

08 레이어가 합쳐지면 [파일]-[저장]을 클릭하여 이미지를 저장합니다.

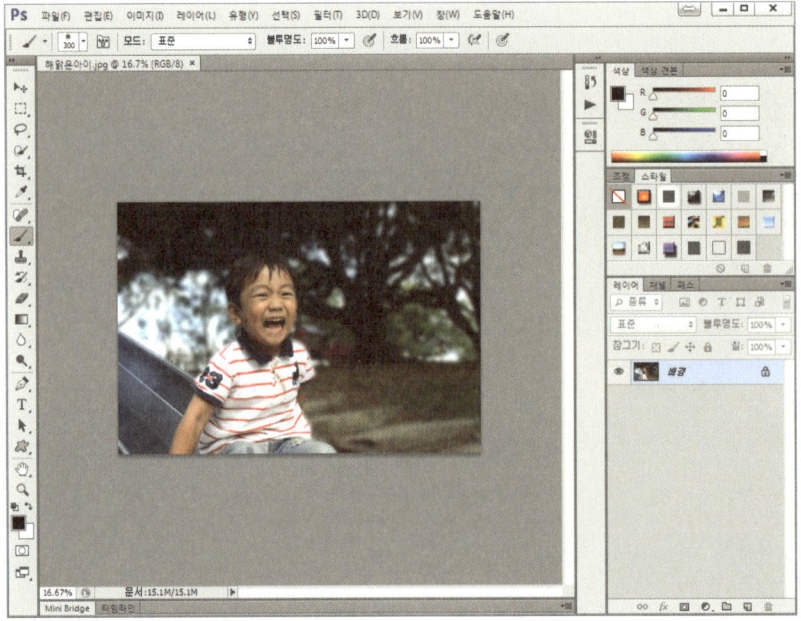

01 [10장]의 [10-연습1.jpg]를 불러온 후 인물을 제외하고 배경만 '가우시안 흐림 효과'를 적용해 보세요.

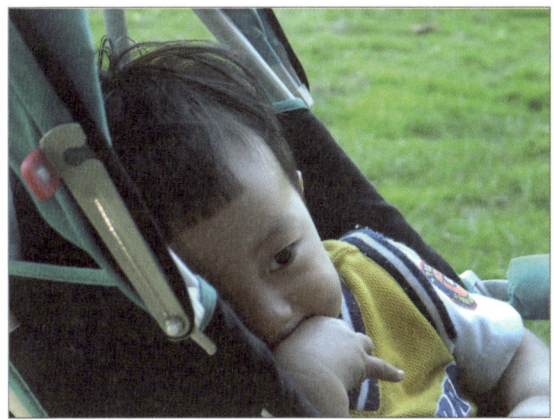 

> **HINT** [레이어]-[고급 계체]를 클릭한 후 [고급 계체로 변환] 클릭→[필터]-[흐림 효과]를 클릭한 후 [가우시안 흐림 효과] 선택→[가우시안 흐림 효과] 창의 [변경]에 '10'을 입력하고 [확인] 클릭→[고급 필터]의 마스크 부분을 클릭한 후 [브러시 도구]( )를 선택하여 인물만 색칠

02 [10장]의 [10-연습2.jpg]를 불러온 후 한 송이의 꽃을 제외하고 '동작 흐림 효과'를 적용해 보세요.

> **HINT** [레이어]-[고급 계체]를 클릭한 후 [고급 계체로 변환] 클릭→[필터]-[흐림 효과] 클릭한 후 [동작 흐림 효과] 선택→[동작 흐림 효과] 창이 나타나면 [각도]에 '50'을 입력하고 [확인] 클릭→[고급 필터]의 마스크 부분을 클릭한 후 [브러시 도구]( )를 선택하여 꽃 부분만 색칠

11 하늘을 좀 더 맑고 푸르게 만들기

바다와 하늘을 한번에 찍을 때 하늘이 너무 밝게 나와 하늘과 바다가 명확하게 구분되지 않는 경우가 있습니다. 이번 장에서는 색상 균형과 명도 대비 효과를 사용하여 하늘과 바다의 색을 대비시켜 하늘을 좀 더 파랗게 만들어 보겠습니다.

ㅣ이런 걸 배워요!ㅣ 조정 레이어의 색상 균형, 명도 대비

미리보기

01 [파일]–[열기]를 클릭해 [11장] 폴더의 [바다와하늘.jpg]를 불러옵니다.

02 상단 메뉴에서 [선택]을 클릭한 후 [색상 범위]를 클릭합니다.

03 [색상 범위] 창이 열리면 첫 번째 [스포이드 도구](🖋)가 선택되어 있는 상태에서 사진 위를 클릭합니다.

04 이후 [샘플에 추가](🖋)를 클릭하여 선택 영역을 추가한 후 [확인]을 클릭합니다.

TIP 세 번째 [샘플에서 빼기](🖋)는 색상 범위를 빼주는 역할을 합니다.

05 영역이 선택된 상태에서 상단 메뉴의 [레이어]-[새 조정 레이어]를 클릭한 후 [색상 균형]을 클릭합니다.

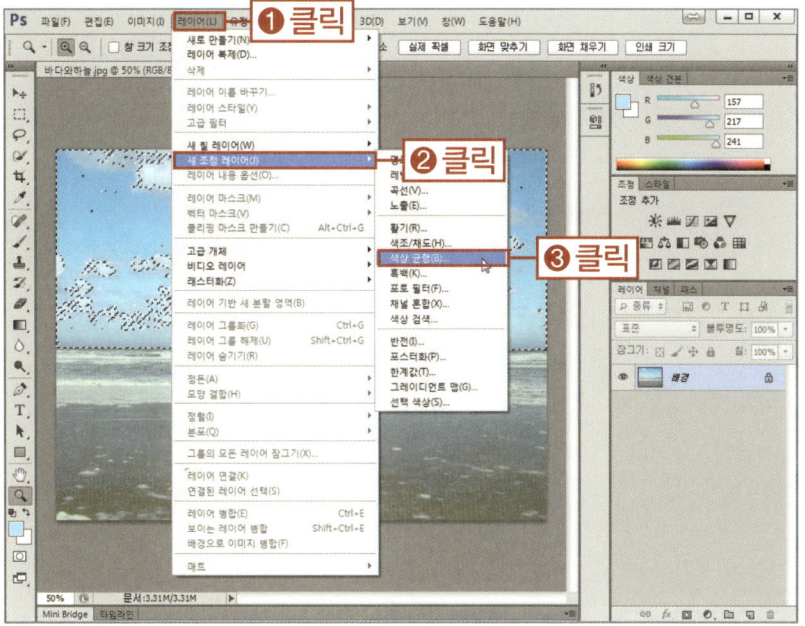

06 새 조정 레이어의 옵션 창이 나오면 [확인]을 클릭합니다.

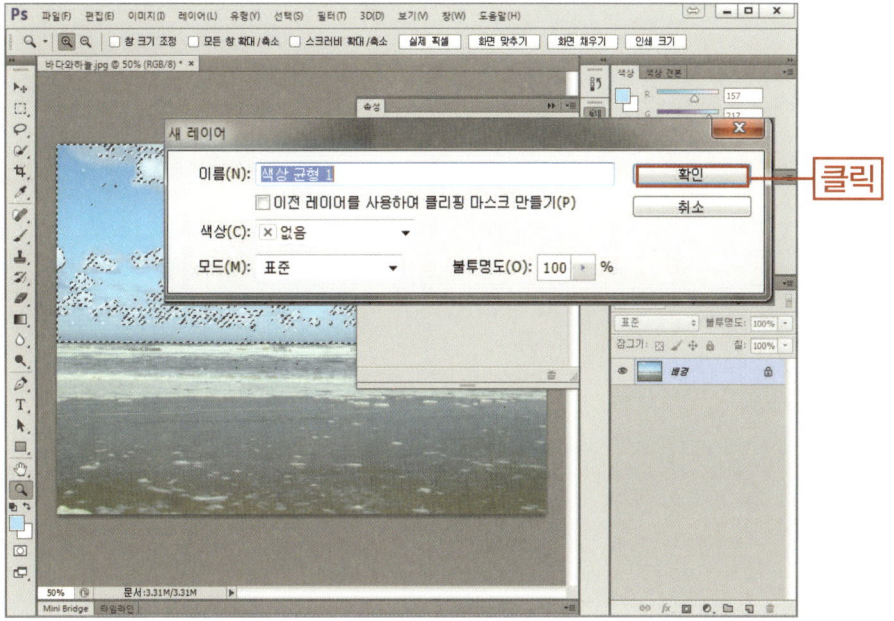

07 [색상 균형]의 속성 창이 나타나면 [녹청/빨강]에 '20', [노랑/파랑]에 '94'를 입력하여 하늘을 파랗게 변경합니다. 이후 ▶▶를 클릭하여 [속성] 창을 닫아줍니다.

08 상단 메뉴에서 [레이어]-[새 조정 레이어]를 클릭한 후 [명도/대비]를 클릭합니다.

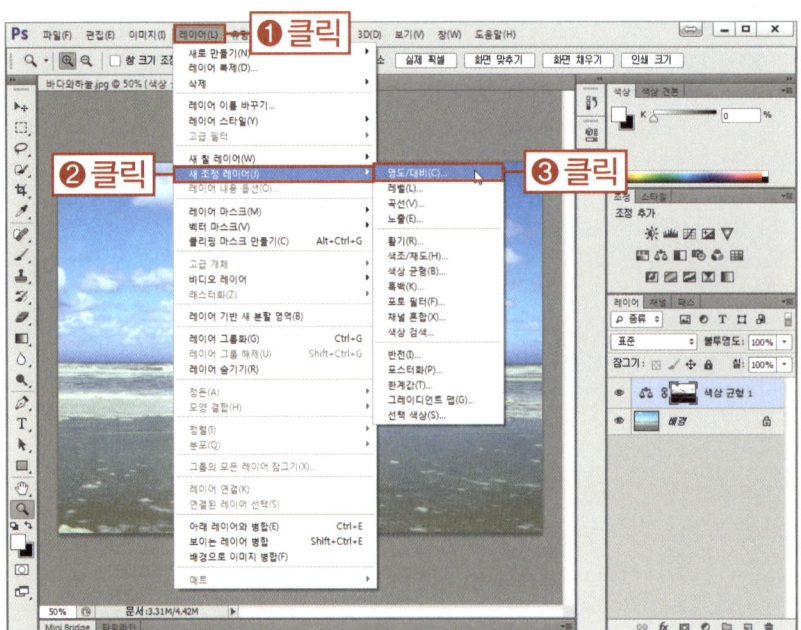

09 새 조정 레이어의 옵션 창이 나오면 [확인]을 클릭합니다.

10 [명도/대비]의 속성 창이 나타나면 [명도]는 '-60', [대비]는 '80'으로 입력하여 적용한 후 ▶▶를 클릭하여 [속성] 창을 닫아줍니다.

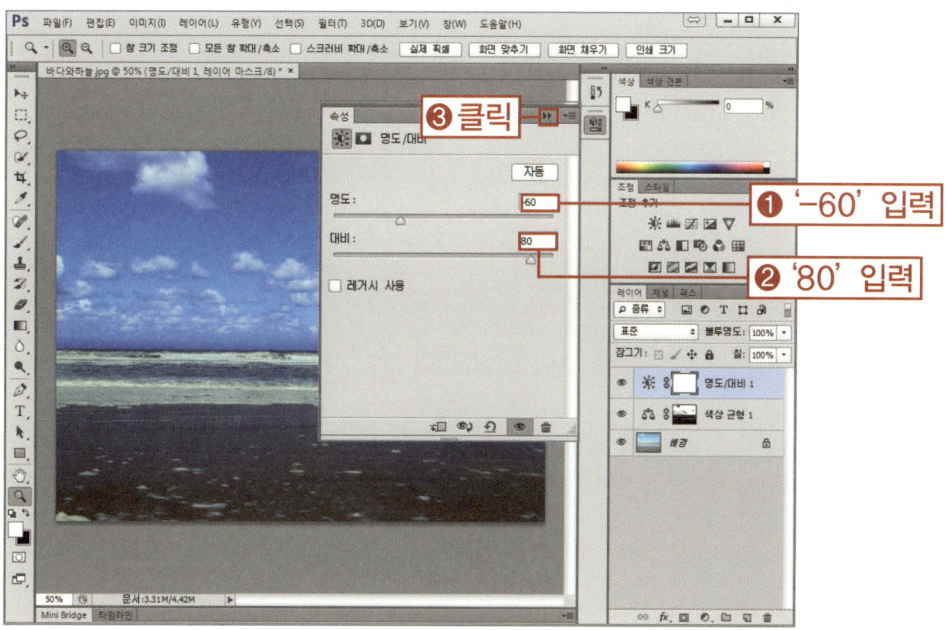

> **TIP** 사진에 따라 밝기의 수치가 달라질 수 있습니다. 예를 들어 바다가 아닌 건물과 하늘은 지금의 사진과 빛의 강도가 다르기 때문에 다른 수치를 적용해야 합니다.

11 도구 상자에서 [그레이디언트 도구](▣)를 선택한 후 마우스를 클릭한 상
태로 바다 부분과 하늘 부분의 경계를 드래그합니다.

TIP 명도/대비 마스크 영역에 그라데이션을 칠하는 이유는 바다만 본래의 색으로 바꾸기 위해서
입니다.

12 하늘과 바다가 대비되어 구분된 것을 확인할 수 있습니다.

13 상단 메뉴에서 [레이어]를 클릭한 후 [배경으로 이미지 병합]을 클릭합니다.

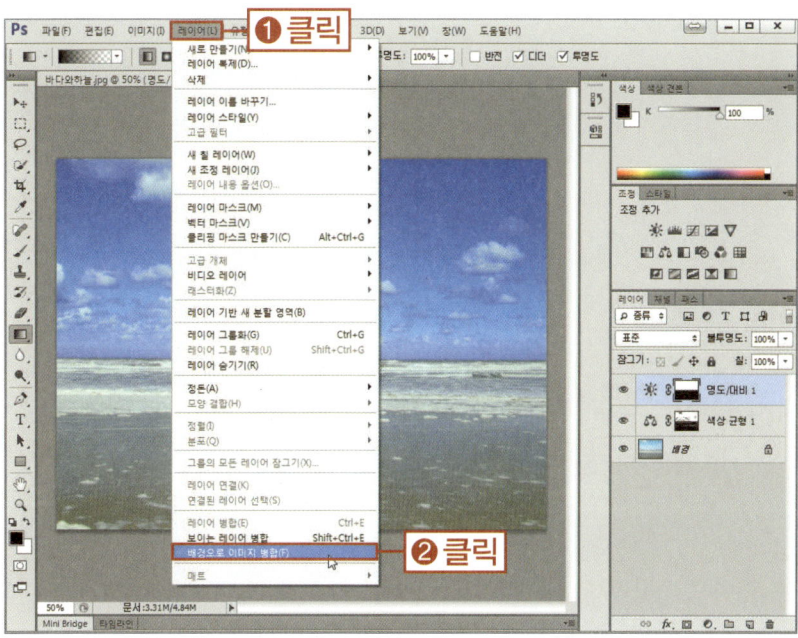

14 레이어가 합쳐진 것을 확인할 수 있습니다. [파일]–[저장]을 클릭하여 이미지를 저장합니다.

연습문제 >> 문제를 풀며 확인해보세요.

01 [11장]의 [11-연습1.jpg]를 불러온 후 하늘을 푸르게 적용해 보세요.

> **TIP** [색상 범위] 창의 [스포이드 도구](🖉) 사용하여 영역 선택→[색상 균형] 속성 창에 [녹청/빨강]: '-30',[노랑/파랑]: '100' 입력→[명도/대비] 속성 창에 [명도]: '-20', [대비]: '80' 입력→[그레이디언트 도구](🔲) 사용하여 경계 부분 드래그

02 [11장]의 [11-연습2.jpg]를 불러온 후 하늘은 푸르게 표현해 보세요.

> **TIP** [색상 범위] 창의 [스포이드 도구](🖉), [샘플에 추가](🖉) 사용하여 영역 선택→[색상 균형] 속성 창에 [녹청/빨강]: '35',[노랑/파랑]: '85' 입력→[명도/대비] 속성 창에 [명도]: '-60', [대비]: '80' 입력→[그레이디언트 도구](🔲) 사용하여 경계 부분 드래그

12 사진 위에 글쓰기

이번 장에서는 윈도우 기본 폰트인 [Times New Roman]를 사용해서 사진 위에 글을 쓰고 사각형 도구를 사용하여 글씨를 보기 쉽게 만들어 보겠습니다. 이 기능은 포스터나 잡지 혹은 신문 광고에도 많이 쓰이는 기능이니 익혀두면 더욱 멋진 사진을 만들 수 있습니다.

| 이런 걸 배워요! | 수평 문자 도구, 사각형 도구

미리보기

01 [파일]-[열기]를 클릭해 [12장] 폴더의 [커피의향.jpg]를 불러옵니다.

02 도구 상자에서 [수평 문자 도구](T.)를 클릭한 후 폰트의 크기 지정하기 위해 폰트의 목록 단추(▾)를 클릭하여 [72pt]를 선택합니다.

03 글씨체를 지정하기 위해 글씨체 옆에 있는 목록 단추(▼)를 클릭한 후 [Times New Roman]을 선택합니다.

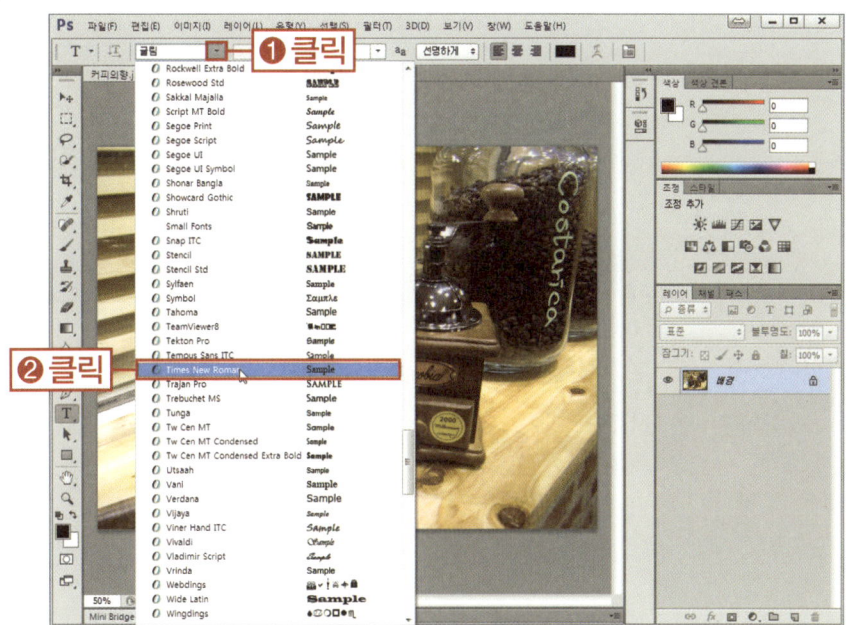

TIP 사진의 해상도에 따라 폰트의 크기가 달라질 수 있습니다. 큰 사진에는 글씨를 크게 해주세요.

04 글자색을 변경하기 위해 상단의 [텍스트 색상 설정](■)를 클릭합니다. [색상 피커] 창이 나타나면 글자색을 흰색으로 변경하기 위해 [R], [G], [B] 부분에 '255'를 입력한 후 [확인]을 클릭합니다.

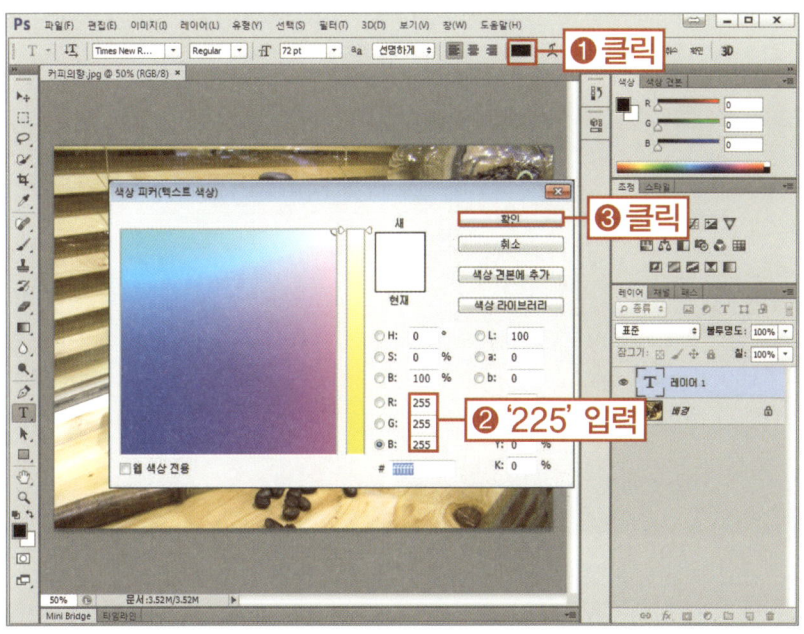

TIP 다른 색상을 선택하고 싶을 때에는 [R], [G], [B]를 직접 입력하거나 왼쪽에 있는 색상 파커에서 색상을 선택한 후 직접 마우스로 클릭하면 됩니다.

05 글씨 크기 및 글씨체 지정이 완료되면 사진의 하단 부분을 클릭하여 'Aroma of Coffee' 라고 입력합니다.

❶ 클릭
❷ 'Aroma of Coffee' 입력

STEP 2 | 사각형 박스 삽입하기

06 도구 상자에서 [사각형 도구](■)를 클릭한 후 입력한 글씨 위에 드래그하여 검정색 모양의 박스를 그립니다.

❶ 클릭
❷ 드래그

TIP 사각형 박스의 색을 변경하려면 설정 값 목록의 [칠]을 클릭한 후 변경하면 됩니다.

07 생성된 [사각형 1] 레이어가 선택되어 있는 상태에서 [불투명도]에 '70'을 입력합니다.

'70' 입력

TIP 글자 위에 사각형의 박스를 그려서 표시하면 입력한 글자를 좀 더 눈에 잘 띄도록 표현할 수 있습니다.

08 [사각형 1] 레이어를 클릭한 상태로 드래그하여 [Aroma of Coffee] 레이어의 밑으로 이동시킵니다.

❶ 클릭

❷ 드래그

09 도구 상자에서 [이동 도구](◄◄)를 선택합니다. 상단의 옵션 기능 중 [변형 컨트롤 표시]에 체크 표시하여 활성화한 후 사진 안에 검은색 사각형을 클릭한 상태로 사진 맨 아래로 드래그합니다.

10 이번에는 글씨를 내리기 위해 [[T] Aroma of Coffee] 레이어를 클릭한 후 글씨를 클릭한 상태에서 아래로 드래그합니다.

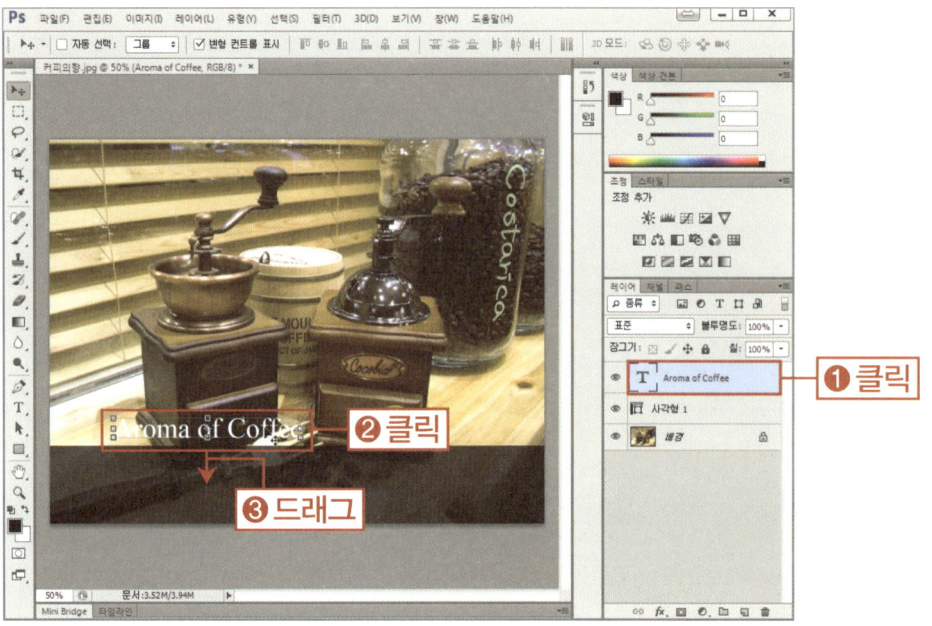

11 선택된 변형 도구를 사용하여 글자의 크기를 늘린 후 글자 위를 더블 클릭
하여 적용합니다.

12 삽입한 도형 및 글씨 이동이 완료되면 [이동 도구](⊕)를 클릭한 후 [변형
컨트롤 표시]의 체크 표시를 클릭하여 변형 컨트롤을 해제시켜 줍니다.

13 상단 [메뉴]의 [레이어]를 클릭한 후 [배경으로 이미지 병합]을 클릭합니다.

14 레이어가 합쳐지면 [파일]-[저장]을 클릭하여 이미지를 저장합니다.

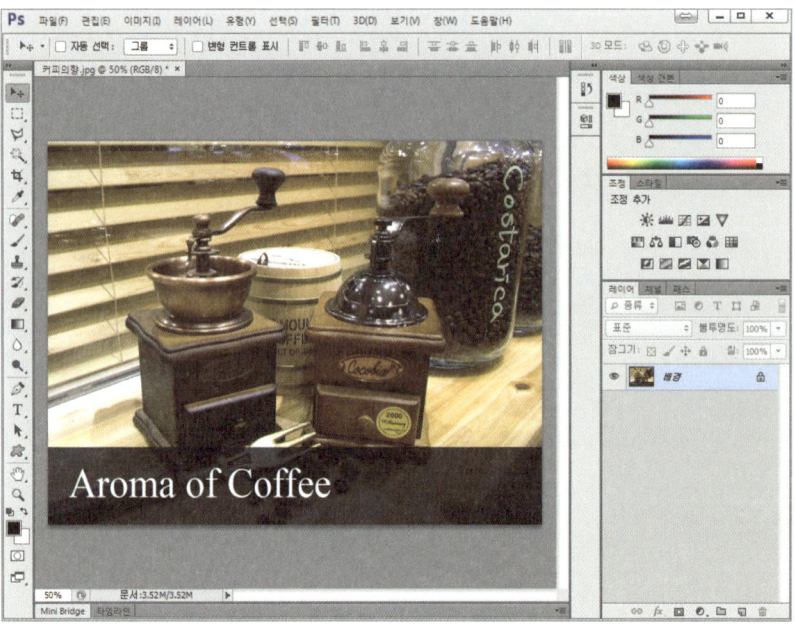

01 [12장]의 [12-연습1.jpg]를 불러온 후 글씨를 입력해 보세요.

HINT [수평 문자 도구](T.) 클릭→[폰트] 크기: 150pt(직접 입력), [글씨체]: 돋움, [글자색]: [R]-0, [G]-70, [B]-100 설정→이미지 위 클릭 후 'SEP 07 2012' 입력

02 [12장]의 [12-연습2.jpg]를 불러와 글씨를 입력한 후 사각형 박스 안에 넣어 보세요.

HINT [수평 문자 도구](T.) 클릭→[폰트] 크기: 72pt, [글씨체]: 바탕, [글자색]: [R]-255, [G]-255, [B]-255 설정→이미지 위 클릭 후 'in Tokyo 25NOV2007' 입력→[사각형 도구](▣) 사용해서 글씨 위에 박스 삽입→[불투명도]: '50' 입력→사각형 도형 레이어 위치 이동

13 어둡게 나온 사진 배경은 그대로, 얼굴만 밝게 조정하기

모자를 쓰거나 역광으로 찍었을 때 사진이 어둡게 나오는 경우가 있습니다. 이럴 때 배경은 그대로 두고 얼굴만 밝게 조절하는 방법을 배워보겠습니다. 이 장에서 사용되는 포토샵 기능 중 조정 레이어 기능은 원본의 사진을 유지한 채 사진 위에 효과를 적용하기에 매우 편리합니다. 또한 효과를 수시로 바꿀 수 있으며 중복 적용할 수 있습니다.

I 이런 걸 배워요! I 조정레이어의 명조대비, 반전

미리보기

01 [파일]-[열기]를 클릭해 [13장] 폴더의 [첫째조카.jpg]를 불러옵니다.

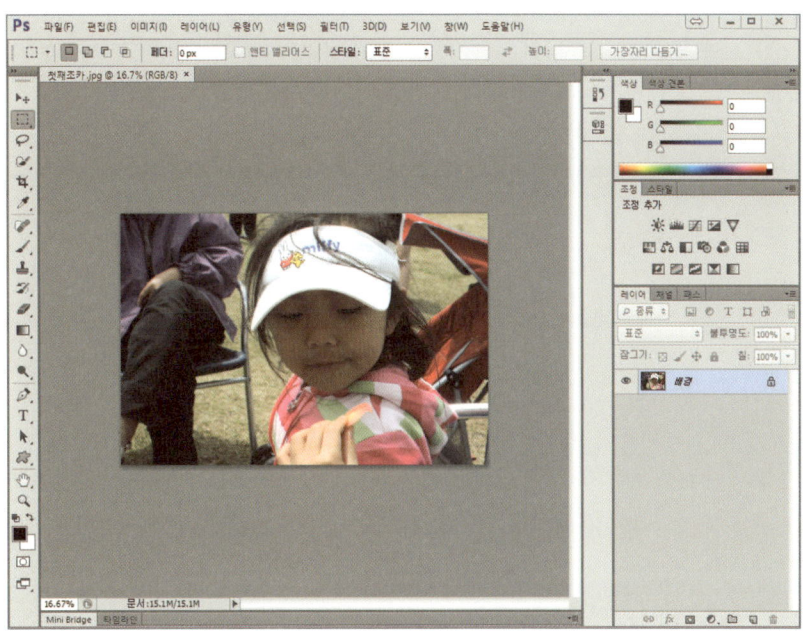

02 상단 메뉴에서 [레이어]-[새 조정 레이어]를 클릭한 후 [명도/대비]를 클릭합니다.

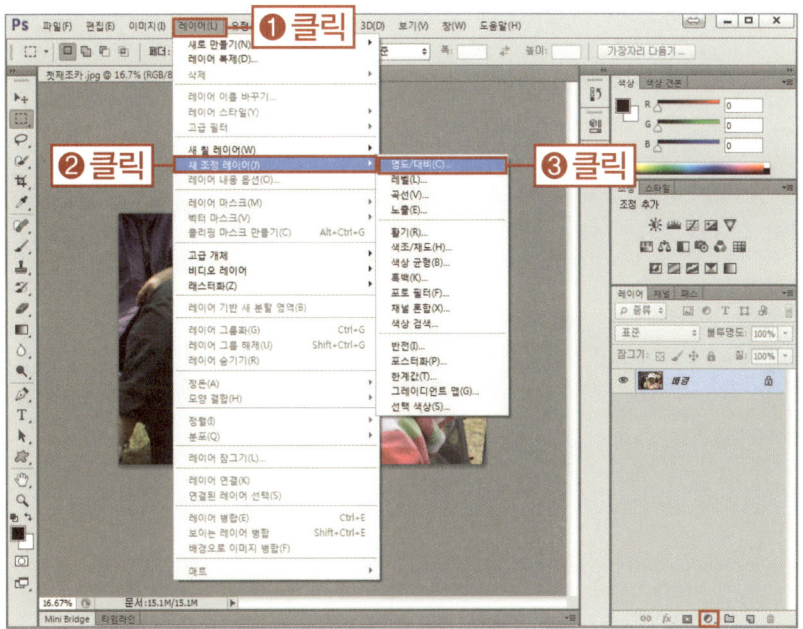

TIP [레이어] 창의 하단에 있는 아이콘을 클릭한 후 [명도/대비]를 선택해도 됩니다.

03 새 조정 레이어의 옵션 창이 나오면 [확인]을 클릭합니다.

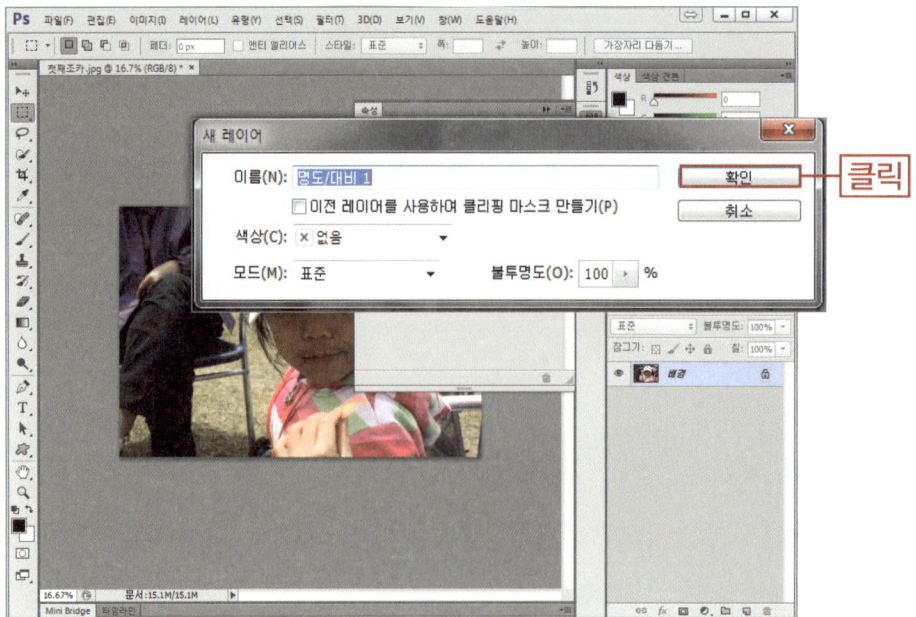

> **TIP** [이름]은 자신이 사용하는 기능이나 이미지 이름에 따라 직접 변경할 수 있습니다.

04 [명도/대비] 창이 나오면 [명도]는 '90', [대비]는 '25'를 입력하고 [확인]을 클릭합니다.

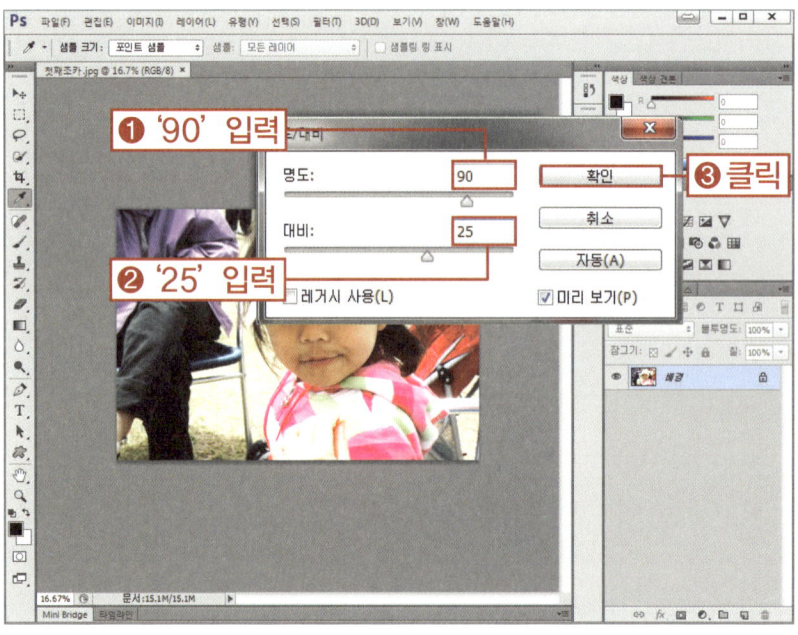

05 조정 레이어의 마스크 부분을 클릭하고 [브러시 도구](✏)를 선택합니다.

> **TIP** [전경색/배경색 설정](◼)에서 전경색인 검정색 부분이 위로 올라간 상태에서 칠하면 원래의 사진의 색으로 칠해지고 배경색인 하얀색이 위로 올라간 상태에서 칠하면 명도/대비가 적용된 상태로 칠해집니다.

06 [브러시 도구](✏)를 사용하여 사진의 얼굴 부분을 드래그하여 칠해줍니다.

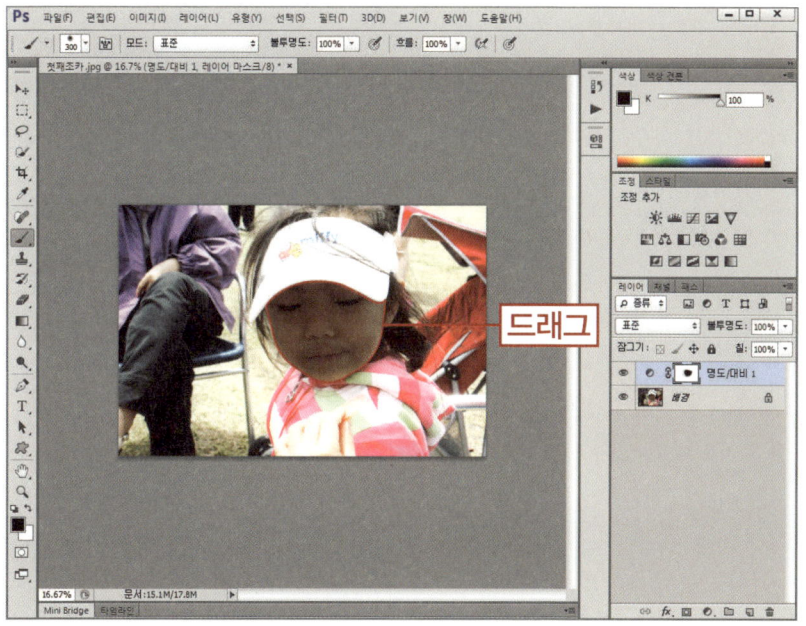

> **TIP** 브러시의 크기 조절은 [브러시 피커](✱₃₀₀)의 목록 단추(▾)를 클릭하면 나오는 [크기] 메뉴에서 설정하면 됩니다.

07 칠한 부분과 칠하지 않은 부분을 반전시켜주기 위해 상단 메뉴에서 [이미지]-[조정]을 클릭한 후 목록에서 [반전]을 클릭합니다.

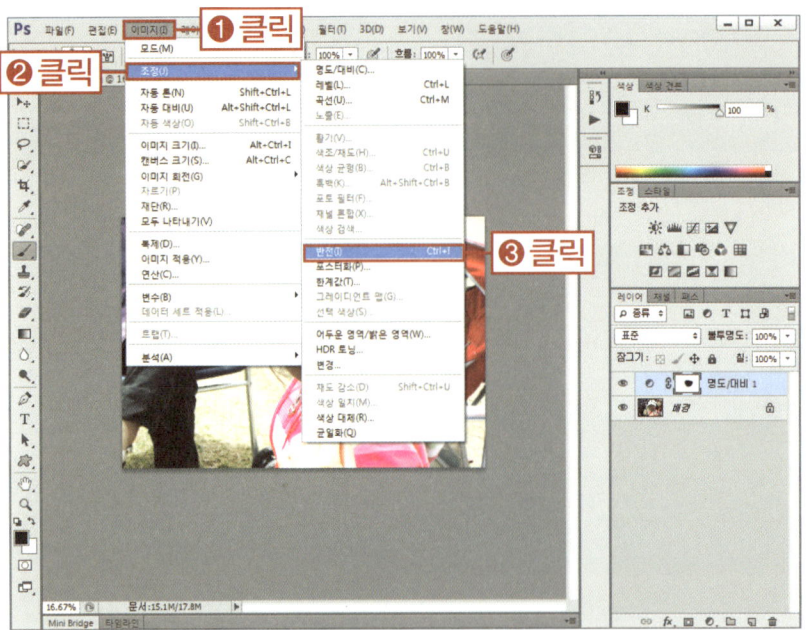

TIP 명도/대비를 적용할 부분이 많지 않다면 배경을 전체로 칠하기보다 부분적으로 적용하여 반전을 이용하는 것이 편리합니다.

08 조정 레이어인 [명도/대비 1] 레이어를 보면 칠한 부분과 칠하지 않은 부분이 바뀐 것을 확인할 수 있습니다.

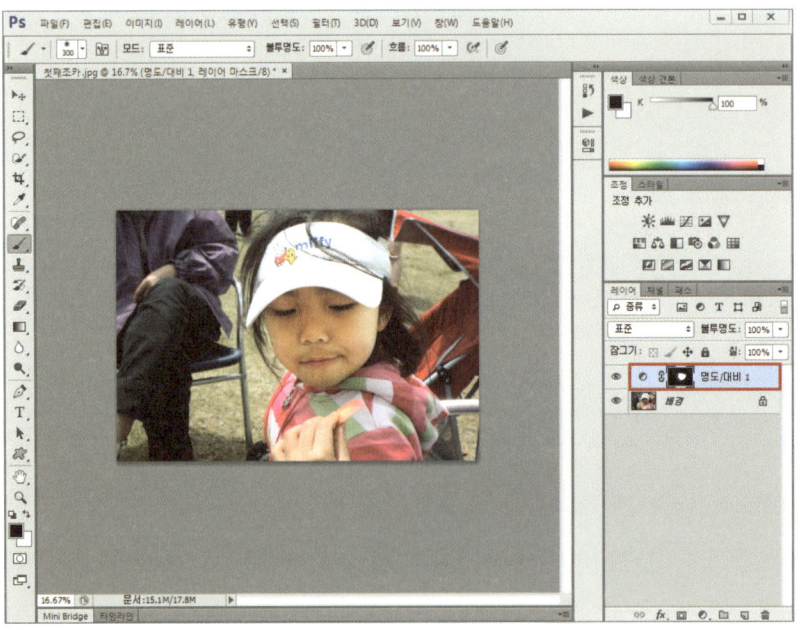

01 [13장]의 [13-연습1.jpg]를 불러온 후 배경을 제외하고 얼굴을 밝게 적용시켜 보세요.

HINT [레이어]–[새 조정 레이어] 클릭한 후 [명도/대비] 선택→[명도]: '100', [대비]: '10' 입력→조정 레이어의 마스크 부분 클릭 후 [브러시 도구](✏️) 클릭→얼굴 부분 드래그하여 색칠→[이미지]–[조정] 클릭한 후 [반전] 클릭

02 [13장]의 [13-연습2.jpg]를 불러온 후 인물과 풍선을 밝게 적용해 보세요.

HINT [레이어]–[새 조정 레이어] 클릭한 후 [명도/대비] 선택→[명도]: '140', [대비]: '10' 입력→조정 레이어의 마스크 부분 클릭 후 [브러시 도구](✏️) 클릭→인물과 풍선 부분 드래그하여 색칠→[이미지]–[조정] 클릭한 후 [반전] 클릭

14 모양틀에 사진 적용하기

클리핑 마스크는 도형이나 레이어 위에 사진을 적용할 수 있게 합니다. 즉 모양 종이 위에 사진을 모양 형태로 맞추어 붙이는 개념입니다. 도형을 만들거나 사진을 모양대로 꾸밀 때 많이 쓰이는 기능이니 아이들의 방학 숙제나 가족 신문을 만들 때 활용해보기 바랍니다.

| 이런 걸 배워요! | 클리핑 마스크, 모양 도구

미리보기

01 [파일]-[열기]를 클릭해 [14장] 폴더의 [조카들.jpg]를 불러옵니다.

02 상단 메뉴에서 [레이어]-[새로 만들기]를 클릭한 후 [배경에서 레이어 가져오기]를 클릭합니다.

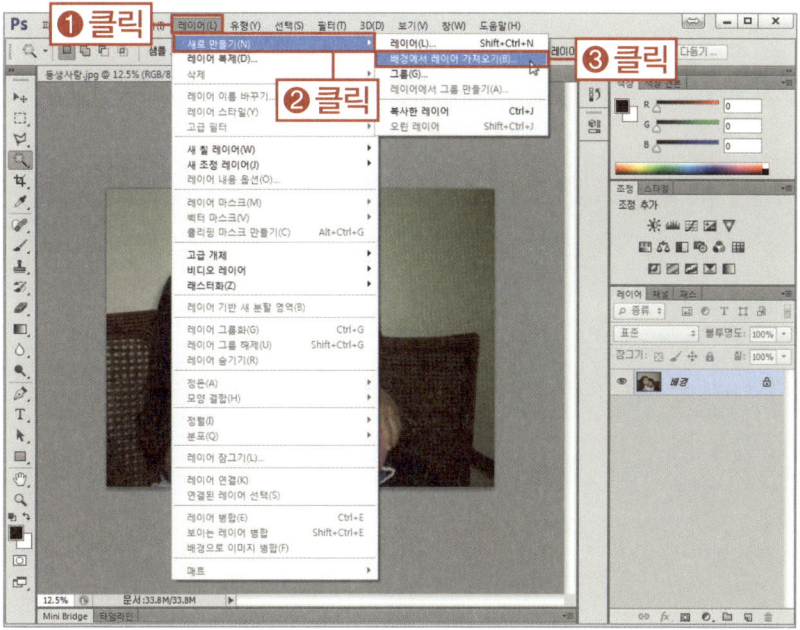

TIP 배경 이미지를 레이어로 변환해야 클리핑 마스크를 적용할 수 있습니다.

03 [새 레이어] 창이 나오면 [확인]을 클릭하여 배경 이미지를 레이어로 변경합니다.

04 도구 상자에서 [사각형 도구](■,)를 마우스로 길게 누르면 나오는 메뉴 중 [사용자 정의 모양 도구](✿,)를 클릭합니다.

05 상단 옵션 메뉴에서 [모양]의 목록 단추(·)를 클릭한 후 [하트 모양 카드] 모양을 선택합니다.

TIP 원하는 모양이 나오지 않거나 다른 모양을 삽입하고 싶을 경우 ⚙ 단추를 클릭한 후 나오는 목록에서 모양을 추가하면 됩니다.

06 사진의 윗부분부터 아랫부분까지 마우스로 드래그해서 지정한 하트 모양 을 사진 위에 적용합니다.

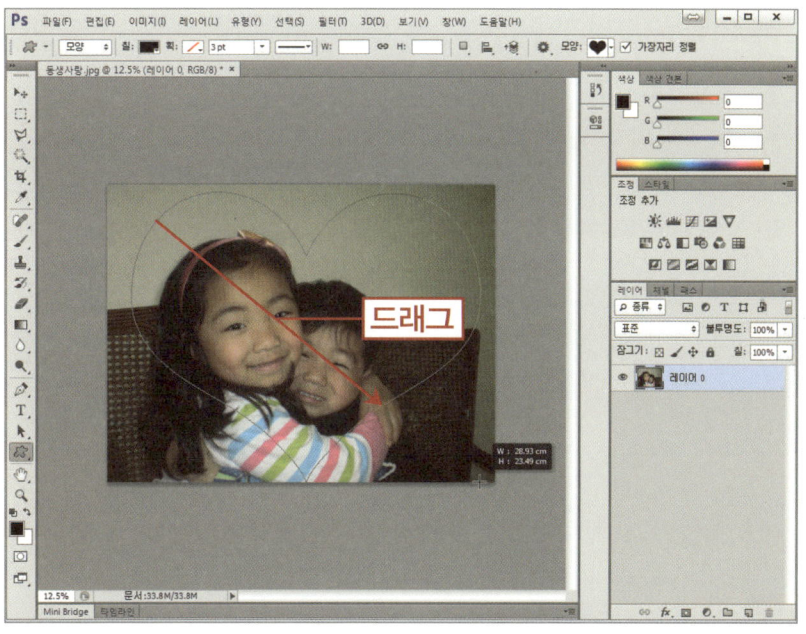

TIP 지정한 하트 모양의 위치를 변경하고 싶을 경우 [이동 도구](▸⊕)를 선택한 후 하트 모양을 클릭한 상태에서 이동시키면 위치를 변경할 수 있습니다.

07 [레이어] 창에 [모양 1] 레이어가 생성됩니다. [모양 1] 레이어를 클릭한 상태로 아래로 드래그하여 [레이어 0] 밑으로 이동시킵니다.

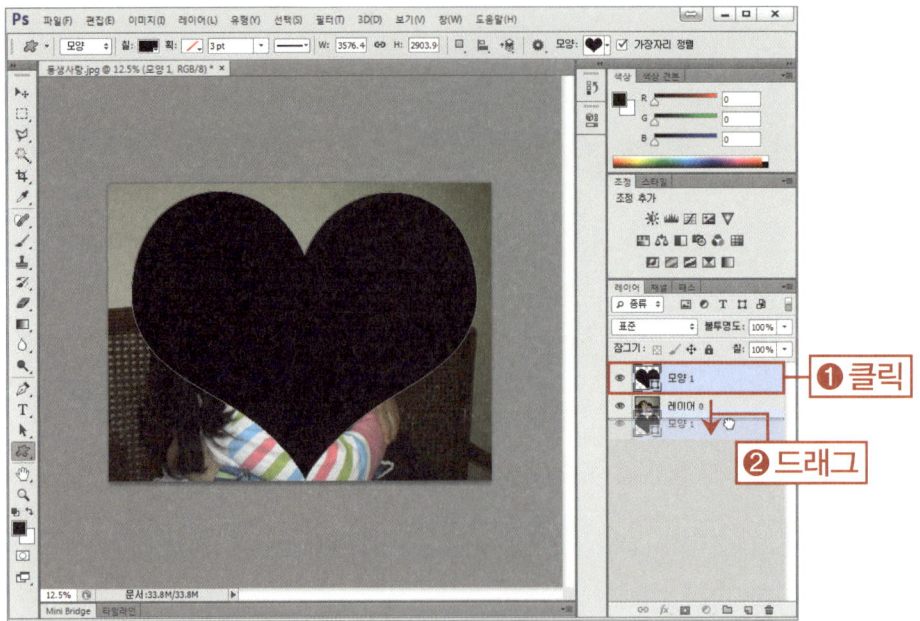

08 [레이어 0] 레이어를 클릭한 후 상단 메뉴에서 [레이어]-[클리핑 마스크 만들기]를 클릭합니다.

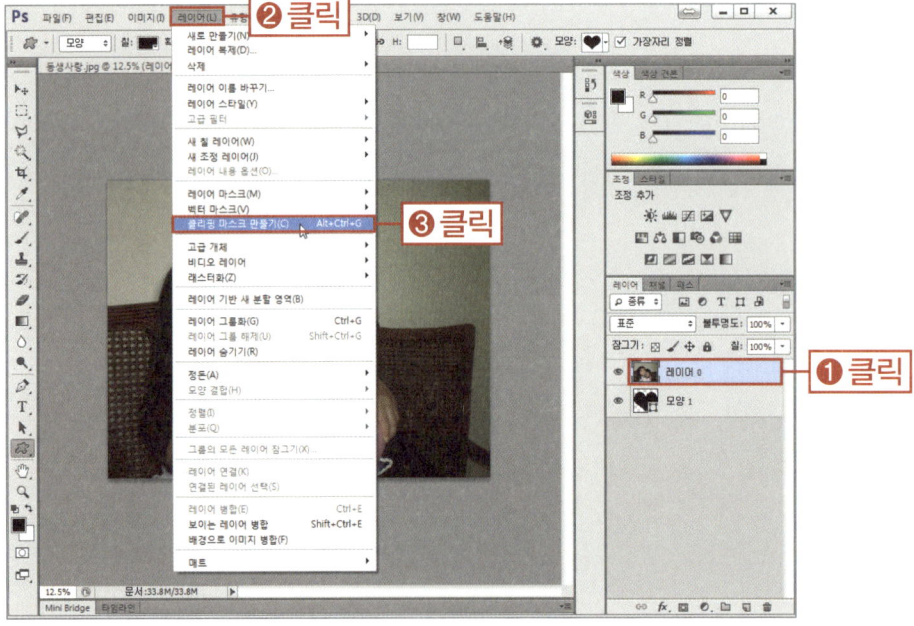

09 [모양 1] 레이어를 클릭한 후 도구 상자에서 [사용자 정의 모양 도구](🔖)를 클릭합니다. 선 크기를 변경하기 위해 상단 옵션 메뉴의 크기를 '13' 으로 입력한 후 [획 옵션]에서 [점선]을 클릭합니다.

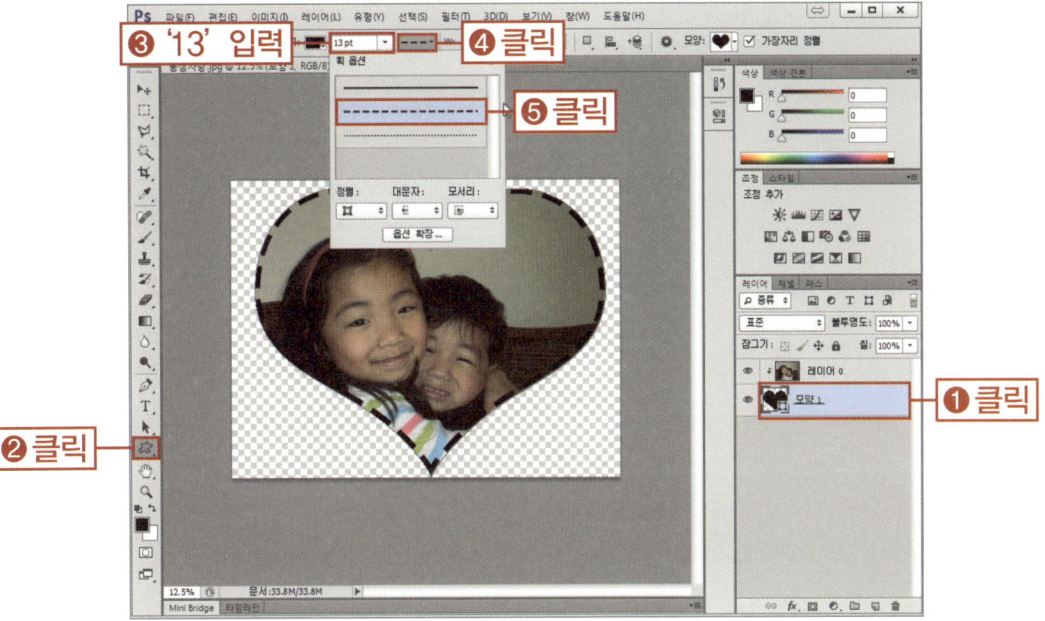

10 상단 옵션 메뉴에서 [획]을 클릭한 후 [노란 주황]을 선택하면 선 색이 변경됩니다. 이후 [레이어]–[배경으로 이미지 병합]을 클릭하여 이미지를 저장합니다.

01 [14장]의 [14-연습1.jpg]를 불러온 후 모양 종류 중 [배너](▰)를 적용해 보세요.

HINT [모양]에서 [배너 4](▰) 선택→[선 크기]: '50' 입력, [획 옵션]: [점선], [획]: [보라 마젠타] 선택

02 [14장]의 [14-연습2.jpg]를 불러온 후 모양 종류 중 [대화](●)를 적용해 보세요.

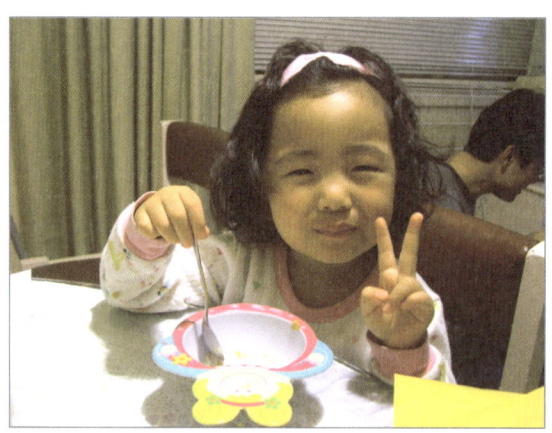 

HINT [모양]에서 [대화 1](●) 선택→[선 크기]: '50' 입력, [획 옵션]: [점선], [획]: [빨강] 선택

15 다양한 아이콘을 사용하여 사진 꾸미기

모양 도구의 모양들을 잘 활용하면 마치 색종이를 오려서 붙인 듯한 효과를 내서 사진을 새로운 느낌으로 꾸밀 수 있습니다. 이번 장에서는 모양 도구를 사용하여 사진 위에 다양한 모양을 삽입해 보는 법을 배워보겠습니다.

| 이런 걸 배워요! | 모양 도구

미리보기

 [파일]–[열기]를 클릭해 [15장] 폴더의 [해맑은미소.jpg]를 불러옵니다.

02 도구 상자에서 [사각형 도구](▣)를 마우스로 길게 누르면 나오는 메뉴 중 [사용자 정의 모양 도구](✿)를 클릭합니다. 이후 상단 옵션 메뉴에서 [칠]을 클릭하여 [밝은 보라 마젠타]를 선택합니다.

03 [모양]의 목록 단추(▾)를 클릭한 후 [프레임 7](▢)을 선택합니다.

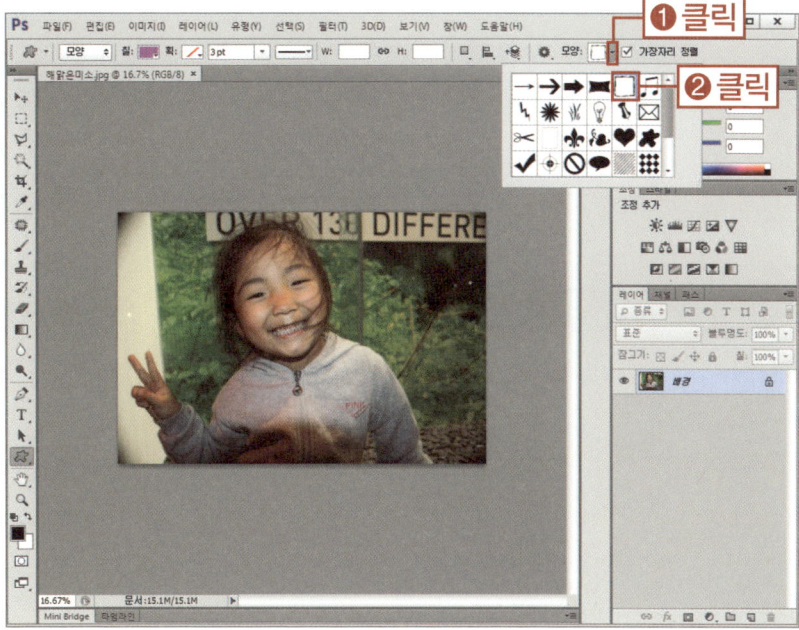

04 마우스로 왼쪽 상단부터 오른쪽 하단까지 드래그해서 적용합니다.

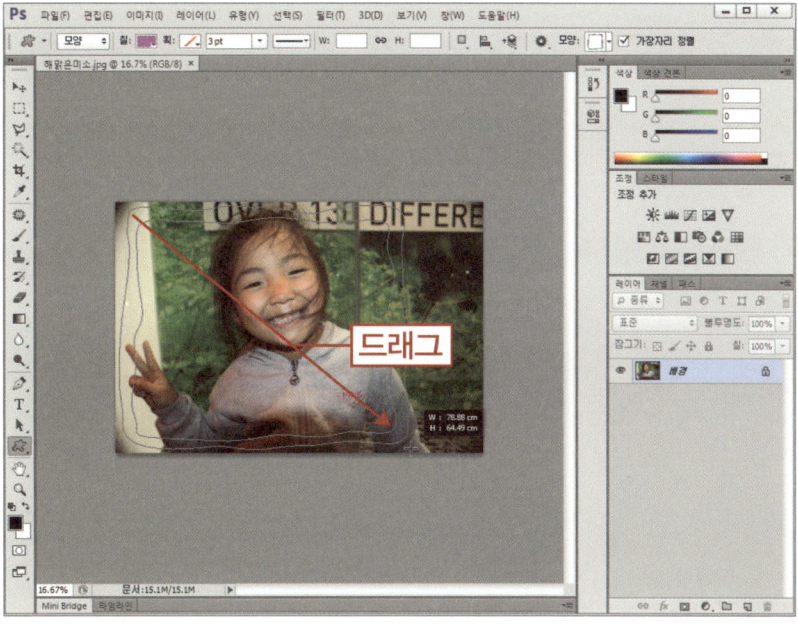

05 [모양]의 목록 단추(●)을 클릭하면 나오는 다양한 모양 중 [타일 2](⬜)를 선택합니다.

06 마우스를 사용해서 프레임 왼쪽 상단부터 오른쪽 하단까지 드래그하여 적용합니다.

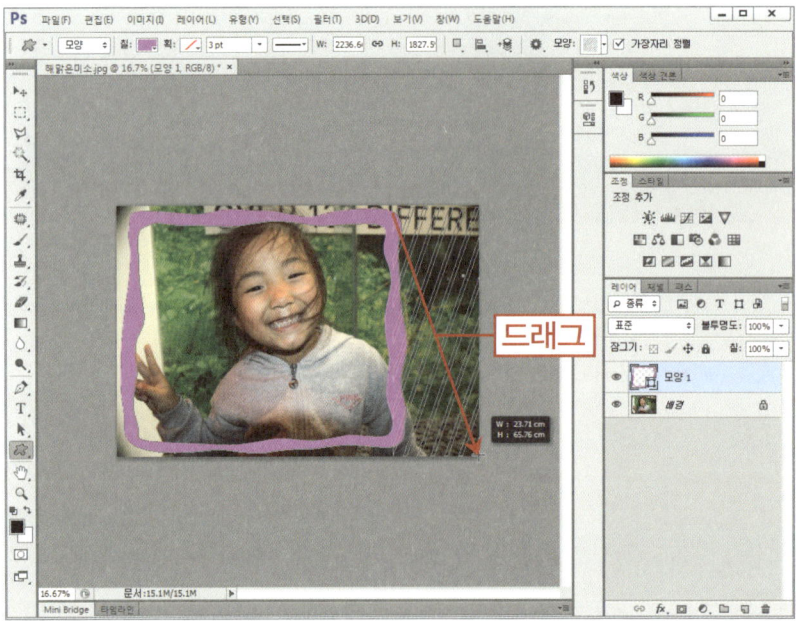

07 다시 한 번 [모양]의 목록 단추(◦)을 클릭한 후 [8분 음표](♫)를 선택합니다.

08 마우스를 사용해서 프레임 왼쪽 하단부터 오른쪽 맨 끝 하단까지 드래그하여 적용합니다.

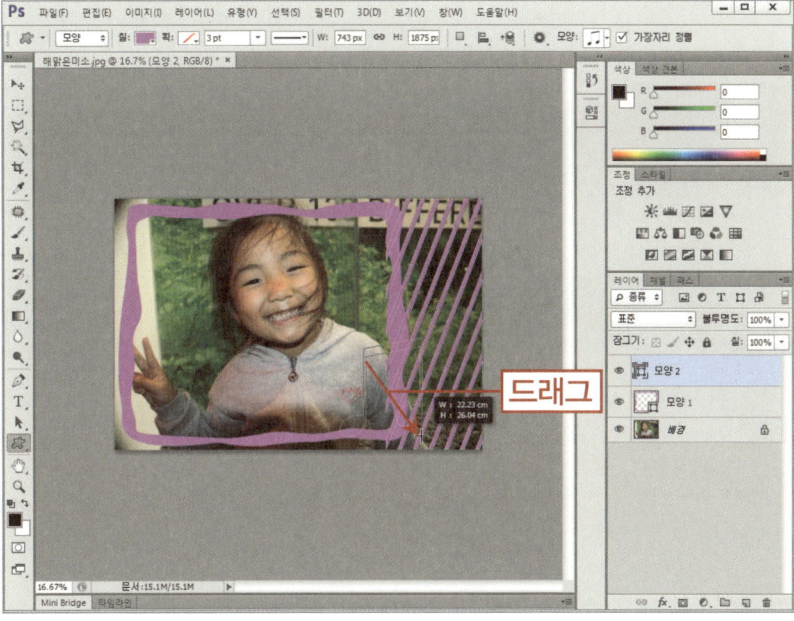

09 [모양3] 레이어를 선택합니다. 상단 옵션 메뉴에서 [칠]을 클릭한 후 [검정]을 클릭하여 색을 변경합니다. 음표 모양 도형의 색이 변경됩니다.

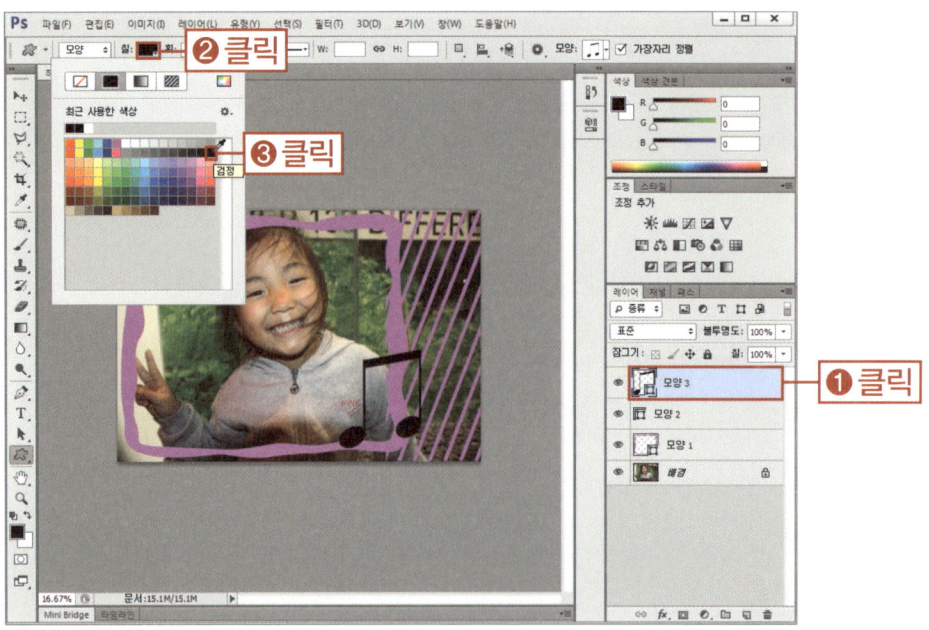

10 이번에는 [모양2] 레이어를 선택합니다. [칠]을 클릭한 후 [마젠타]를 선택하여 색을 변경합니다. 프레임 모양 도형의 색이 변경됩니다. 이후 [레이어]–[배경으로 이미지 병합]을 클릭하여 이미지를 저장합니다.

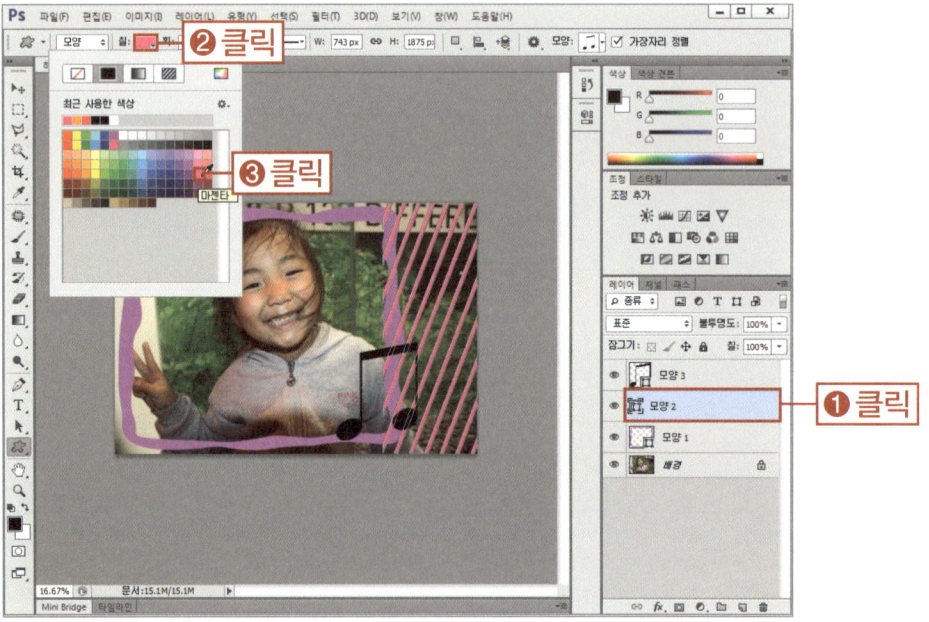

01 [15장]의 [15-연습1.jpg]를 불러온 후 사진에 모양 도구를 적용해 보세요.

HINT [모양]: [백열 전구2](💡), [꽃 5](✹) 사용→[칠]: 빨강, 노랑, 어두운 파랑 사용

02 [15장]의 [15-연습2.jpg]를 불러온 후 사진에 모양 도구를 적용해 보세요.

HINT [모양]: [하트 모양 카드](❤), [8분 음표](♪), [꽃 5](✹), [풀 2](🌿), [헤데라 2](🌿) 사용→[칠]: 붉은 주황, 노란 주황, 검정, 녹황 사용

16 쉽고 빠르게 얼굴 보정하기

작은 점이나 작은 빛 반사로 인해 사진을 수정하고 싶을 때 스팟 도구를 사용하여 처리하는 법을 배워봅니다. 전체적으로 반사된 빛은 브러시로 조정하면 됩니다. 브러시를 쓸 때는 투명도를 10~70로 해야 자연스럽게 사진을 조정할 수 있습니다.

| 이런 걸 배워요! | 스팟 도구, 컬러 피커 도구

미리보기

01 [파일]-[열기]를 클릭해 [16장] 폴더의 [내사진.jpg]를 불러옵니다.

02 사진을 크게 확대해서 보기 위해 하단의 이미지 크기를 '60'를 입력하고 Enter 를 누릅니다. 이후 도구 상자에서 [스팟 복구 브러시 도구](🖌)를 클릭합니다.

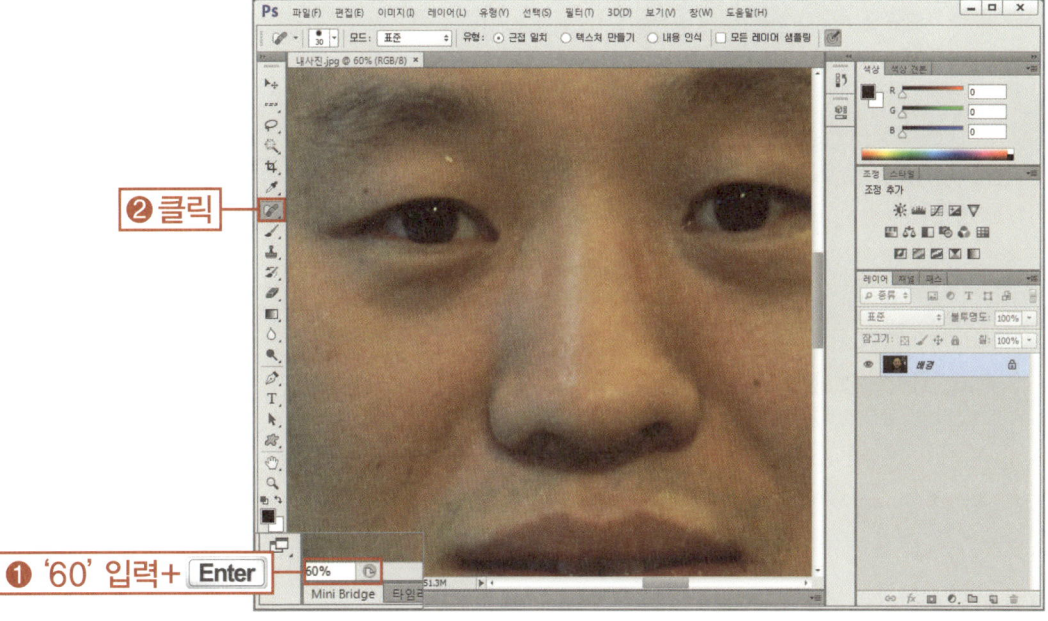

❷ 클릭

❶ '60' 입력+ Enter

03 빛 반사 부분이나 작은 잡티 및 점 위에 마우스를 클릭하여 지워줍니다.

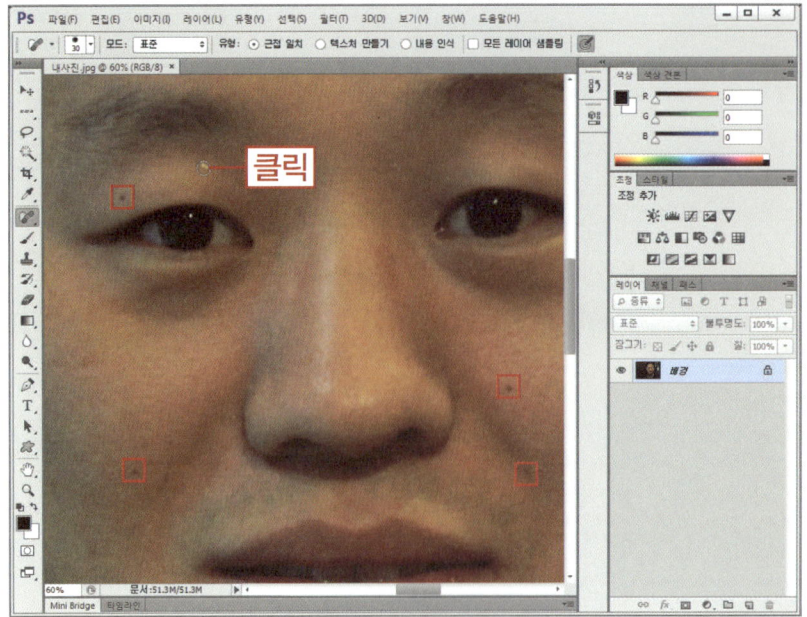

04 [레이어] 창의 하단에 [레이어 추가](🗔)를 클릭하여 새 레이어를 생성한 후 [불투명도]를 '45'로 입력하고 Enter 를 누릅니다.

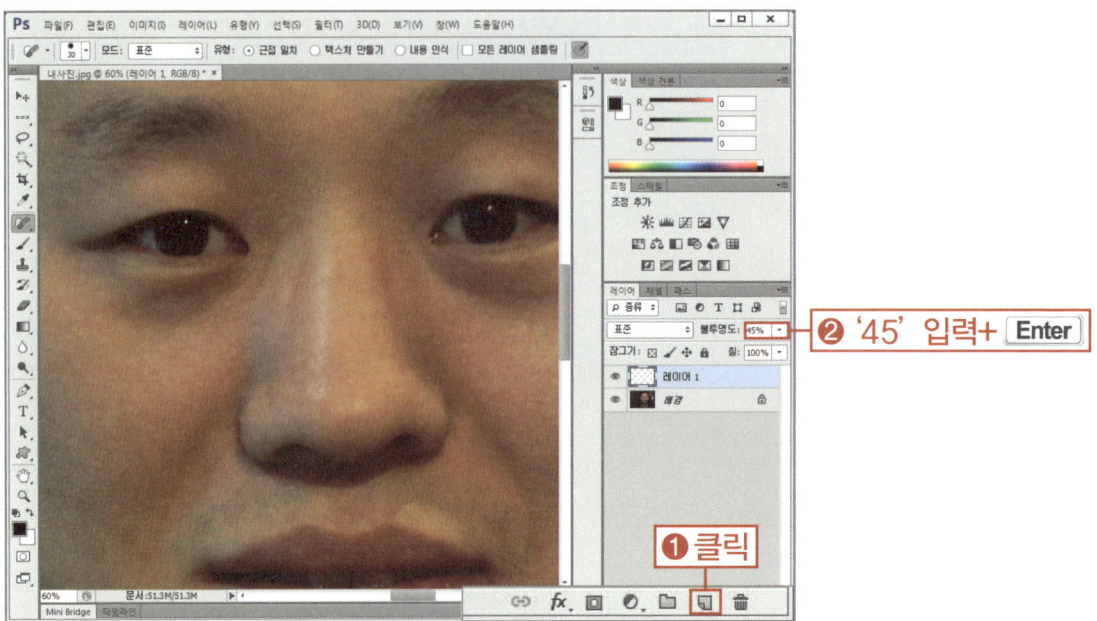

TIP 상단 메뉴에서 [레이어]를 클릭한 후 [새로 만들기]를 클릭해도 됩니다.

05 도구 상자의 [스포이드 도구](🔽)를 클릭한 후 이마 부분을 클릭하여 컬러를 추출합니다.

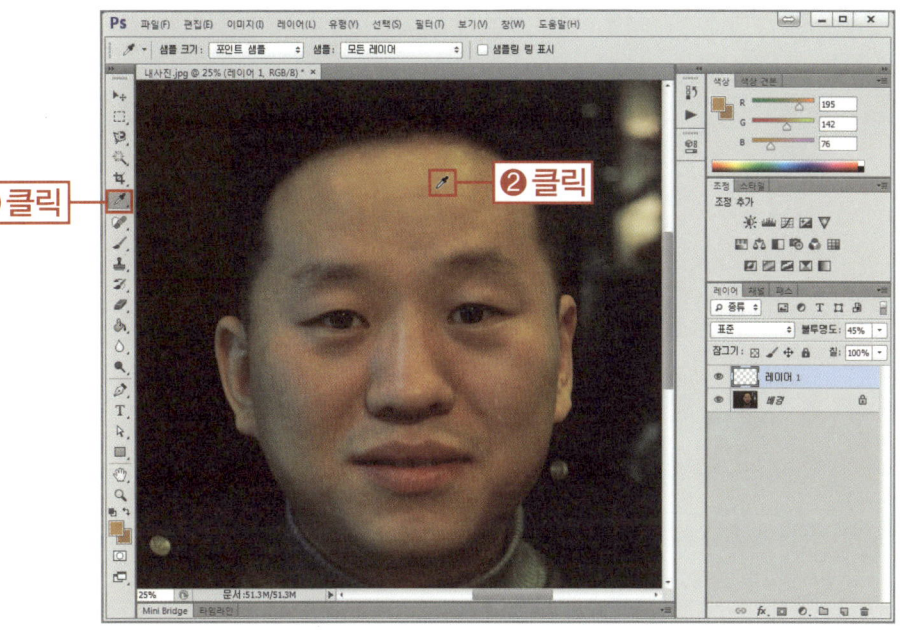

TIP [스포이드 도구]는 클릭하는 부분의 컬러를 전경색으로 변경할 수 있게 합니다.

06 도구 상자의 [브러시 도구](🖌)를 선택하여 이마에 반사된 부분과 볼 부분을 자연스럽게 칠해줍니다. 이후 [레이어]–[배경으로 이미지 병합]을 클릭하여 저장합니다.

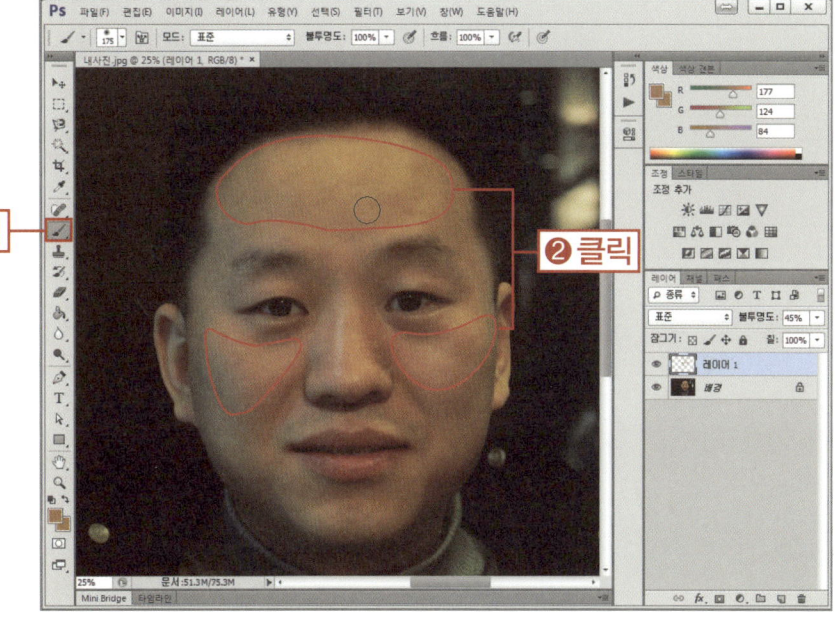

01 [16장]의 [16-연습1.jpg]를 불러온 후 눈 옆의 점을 지워 보세요.

HINT [스팟 복구 브러시 도구](✐) 클릭→점 제거

02 [16장]의 [16-연습2.jpg]를 불러온 후 얼굴의 그늘진 부분과 잡티를 지워 보세요.

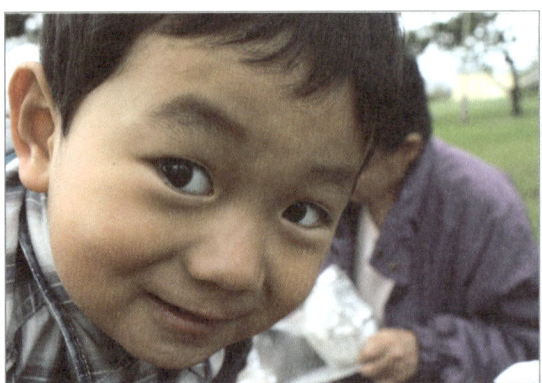 

HINT [스팟 복구 브러시](✐) 클릭→잡티 제거→[레이어 추가](▯)를 클릭한 후 [불투명도]에 '40' 입력→[스포이드 도구](✐) 클릭한 후 컬러 추출→[브러시 도구](✐) 클릭한 후 그늘진 부분 클릭

YoungJin.com Y.
영진닷컴

눈이 편한 **포토샵**

1판 1쇄 발행_ 2014년 3월 28일
1판 3쇄 발행_ 2019년 2월 11일

저   자 • 권성우
발 행 인 • 김길수
발 행 처 • (주)영진닷컴
주   소 • 서울 금천구 가산디지털2로 123 월드메르디앙벤처센터 2차 10층 1016호
대표전화 • 1588-0789
출판등록 • 2007. 4. 27 제 16-4189호

값 **9,000원**

ISBN 978-89-314-4607-4

http://www.youngjin.com